U0616843

受教育部人文社会科学研究『文学人类学视角下清代帝王的国家与族群意识研究』目编号°18YJCZH033）项目资助

文学人类学视角下

清代中前期国家与族群意识研究

高岚　侯斌英　著

西南交通大学出版社

·成都·

图书在版编目（CIP）数据

文学人类学视角下清代中前期国家与族群意识研究 /
高岚，侯斌英著. — 成都：西南交通大学出版社，
2023.9

ISBN 978-7-5643-9473-8

Ⅰ. ①文… Ⅱ. ①高… ②侯… Ⅲ. ①民族文化 – 文
化史 – 研究 – 中国 – 清代 Ⅳ. ①K280.049

中国国家版本馆 CIP 数据核字（2023）第 172760 号

Wenxue Renleixue Shijiaoxia Qingdai Zhongqianqi Guojia yu Zuqun Yishi Yanjiu

文学人类学视角下清代中前期国家与族群意识研究

高 岚　侯斌英　著

责 任 编 辑	邵莘越
封 面 设 计	墨创文化
	西南交通大学出版社
出 版 发 行	（四川省成都市金牛区二环路北一段 111 号
	西南交通大学创新大厦 21 楼）
发行部电话	028-87600564　028-87600533
邮 政 编 码	610031
网　　　址	http://www.xnjdcbs.com
印　　　刷	成都蜀通印务有限责任公司
成 品 尺 寸	170 mm × 230 mm
印　　　张	10.5
字　　　数	190 千
版　　　次	2023 年 9 月第 1 版
印　　　次	2023 年 9 月第 1 次
书　　　号	ISBN 978-7-5643-9473-8
定　　　价	58.00 元

本书是教育部人文社会科学研究项目"文学人类学视角下清代帝王的国家与族群意识研究"的结题成果，也是十数年来我一直感兴趣的话题。

接触这个话题，始于 2006 年的博士论文选题，到今天，我仍然清楚记得当初在四川大学文理图书馆的过刊室、古籍室里，在海量的故纸堆中，我是如何一次又一次地震撼于前人的情感和力量。因着这震撼，又滋生出无数的疑惑，比如：有清一代不足三百年，人们的身份观念是如何从明清之交华夷有别、满汉畛域而发展至满汉一体、君臣之分的？作为曾经的"蛮夷"他者的满族统治如何被书写为中华正统帝国谱系的一个重要组成部分？满汉族群就同一事项的书写有何差异，有否相互影响达成共识？这种共识又是否促成了共同认同的产生？在清末，这种认同又如何战胜了舶来的民族主义，奠定了今日中国的基本认同？

在我的博士论文中，我将目光聚焦在明清交替之际的江南地区，细致地讨论了在那个政治意识和族群意识错综复杂的时期，汉人精英的身份嬗变之路。但是我也同时意识到，作为国家权力掌控者的满人视界同样重要，否则我们的讨论仍然会被禁锢在单族叙事的窠臼中，被历史成见所遮蔽，因此，在博士论文中，我也尽己所能地通过案例，呈现了对于同一事件的满汉双方的书写言说。不过，博士论文的主要重心毕竟是汉人族群，囿于学位论文的制式，我并未能深入全面地探讨满人的意识情感。而因着这尚未完整的论述，此后的十数年，我一直在这个话题的另一半中徘徊，甚至开始自学几近"死去"的满文，也最终以"文学人类学视角下清代帝王的国家与族群意识研究"为题，成功申报了教育部的课题，正式开始了对命题另一半的梳理记录。

对于文章本身，我最自得之处在于，其关注点并不仅限于官方史料文献，还有诸多个人化的表述，其中既有对同一主题的世代接力，也包括某一文本在历史进程中被选择、修改甚至再创造的历时变化。文学人类学将那些初始的文本称为"本文"，以区别于此后在传播中形成的各种文本。而"本文"被创作、记录、选择、淘汰、再写作而成为新"文本"的历时性行为，文学人类学目之为表述过程。本书所关注的表述过程，并非一人一时，而是清帝本人及其后代子孙以及官僚机构甚至普通臣民的共同合力。在这个意义上，清帝的表述从"本文"到"文本"的流变，也正是清代统治阶层国家与族群意识变化的最直接的体现。我以为，比起单一的史料、事件，对多方位的流变过程的观察更能清晰完整地呈现清代国家与族群意识。

今日，此书得以面呈诸君，不仅是研究结果的呈现，也是对青春时代的回响，谨以为序，兹以自壮。

高　岚

目 录

绪 论

　　随着中国的重新崛起，这一至今存在的古老文明体成为全世界学者关注的焦点。如何解释源远流长的历史中国与近现代中国之间的传承和过渡，不仅是海外汉学家关心的话题，更是关心本国历史承继的每一个国内学人的应尽责任。笔者试图从文学人类学的视角，聚焦清代中前期帝王的表述，梳理出这一时期他们的国家与族群意识，从而为解释中国与中华民族的内涵提供一种可能。

　　之所以要讨论清朝，是因其站在古代中国与近现代中国的十字路口，是中国历史上统一的多民族国家形态发展乃至定型的关键时期，是考察现代中国国家意识形成的关键点。清朝时期，不仅今日中国的大致版图得以形成，连近现代国家意义上的中国概念也在此时得以滋长。今天，中国版图内的各族群、各民族都认同自己是中国人，这一看似不证自明的身份，实则是经历了数千载历史的积淀与整合而成。清朝乃是一个统治者为非汉人族群的王朝，又是强调"恢复中华"的明朝统治的继承者，明清易代对于中国人的族群认同而言，又与其他朝代交替不同，其意义不仅仅在于王朝效忠对象的变更，更在于不同族群之间的斗争与融合，开启了现代国家认同意识。因此，其时人们的族群与国家意识的变化，是当前中国认同重要的渊源所在。对此，笔者有专著《从民族记忆到国家叙事——明清之际（1644—1683）江南汉族文士的文学书写》，已对知识分子阶层在这一时期的国家与族群意识有所论述。在前著的写作过程中，笔者已经意识到，清代民众国家与族群意识的形成，受到了官方行为的极大影响，要么为之所引导，要么对其作出各种应对，而作为那个阶段中国政治的核心人物，清朝皇帝对中国的理解与表述、思考与践行，都有着举足轻重、影响深远的作用。另外一个原因是，费正清等人认为：历史中国的国家政治和文化是分离的，政治生活由官僚垄断，无论谁掌权都与百姓生活毫无干系，"帝国的政府是表面的，仅限于社会上层，而没有深入村庄之中。……国家可以被一个外来的专制政府所统治，而中国的文化生活继续牢牢地植根于人民之中。"①此观点是为了说明：中国民众不关心统治阶层的文化认同，所以用不着强调一个非汉

---

① （美）费正清、赖肖尔主编：《中国：传统与变革》，陈仲丹等译，江苏人民出版社，2012年，第 198 页。

族的统治集团对待优势汉文化的态度。笔者不敢苟同这样的观点，民众对于文化的认知是受文化精英引导的，在历史中国，文化精英与政治精英实则是高度重合的，而政治精英集团与统治集团之间的密切关系，已在笔者前著中展开了详尽的案例分析。因此，笔者认为考察帝王表述是探索清代族群与国家意识的一条必要途径。而所谓清代中前期，本书所论起于 1616 年清太祖努尔哈赤建国称大金，迄于 1840 年鸦片战争爆发。将改国号为清之前的后金政权纳入讨论，是从帝王个体本位出发，为将清代帝王家族的思想传承、转变与集体认知梳理得更加清晰；不述晚期，是因为清代晚期乃中国近代史的开端，其国家与族群的观念与近代革命史息息相关，并非清朝统治阶层的影响力所及，隶属于另一个复杂的话语体系，早有方家著述浩如烟海，因此不在本书的研究对象之内。

一、表述中国与中华民族

在关于中国的表述中，中华民族和中国，是备受瞩目的文化关键词，围绕着二者，有太多的表述。本书是在文化和历史的层次上使用"中国"概念的。这个层次上的中国内涵又同中国历史上的民族（族群）接触与融合息息相关。而近代知识分子在西学东渐的背景下，为了与西欧等国交流接轨，提出了"中华民族"的概念，此合一国为一"民族"的概念，今天有更多学者愿意称之为"国族"，但其与汉语习惯上的汉民族之民族，在表述上有同词不同义的语义纠葛，因此，常常让观者迷惑。本书想探索的，正是在历史中国的时间长河中，一个个的民族（族群），如汉族、满族，是如何在交融碰撞下，汇成中华民族，从而凝聚出了多元一体的中国认同。

实际上，自 19 世纪末期起，如族群、民族与国家等概念，就成为人类学、社会学、民族学、政治学等诸学科的热点问题，各流派理论层出不穷，对族群和民族术语的语义内涵和使用范围也多有争论。有两种观点讨论最多，一种认为民族是被现代民族主义想象出来的认同，姑且称为现代派建构论；另一种则认为民族是从古老的族群核心发展而来的，是有历史渊源的认同，姑且称之为族群核心说。前者因在欧美一度流行，拥趸众多；但笔者以为后者更切合中国的历史发展实际，因此将之作为本书立论的核心基础。

现代派建构论的代表学者有英国人类学家盖尔纳（Ernest Gellner）、著名历史学家霍布斯鲍姆（Eric Hobsbawm）和美国著名学者安德森·本尼迪克特（Benedict Anderson）等，他们认为，民族是"发明的传统"，是现代性的产物，并不具有古老性和神圣性。安德森·本尼迪克特影响极大，其在著作《想象的共同体》一开篇就指出他所要论证的 nationality、nationness、nationalism "这些人造物"是在"18 世纪末被创造出来的"①。在此论断基础上，针对中国的形态，信奉此论的学者认为：清末民初，梁启超、康有为、章太炎等人，通过重新诠释黄帝、郑成功、文天祥等一系列历史或传说中的人物，将效忠王朝的忠臣诠释为寄托"民族魂"的英雄，创造了一部同源同祖的"民族历史"，用这种虚构出的集体记忆建构起了中国的国族（nation）——中华民族。但是，这类研究却未能回答：为什么梁启超等人只需要振臂一呼，就能得到如此多人的拥护，从而在短短十数年间就成功建构了一个横跨近千万平方公里、覆盖数亿人口的国族？

对此，以汪晖为领军人物的中国"后学"群体、历史学家葛兆光②、美籍印度裔中国史专家杜赞奇（Prasenjit Duara）③等人指出，现代化视野中的近代中国，其国家形态是具有强烈连续性的历史文化实体，显然不是西方视野中的民族国家，其本身就不是西方学术话语所能解释的存在，而是对西方民族主义理论，尤其是民族国家建构理论的挑战。要想澄清"中国"的真实属性与样态，只有回到中国自己的历史和话语中去寻找答案。

中国的历史事实，更能体现"族群核心说"的理念。"族群核心"说的代表人物，英国学者安东尼·史密斯（Anthony D. Smith）与艾德里安·黑斯廷斯（Adrian Hastings）将"族群核心"视为民族的基本要素，认为民族应是族群在历史进程中嬗变、融合的结果。笔者试图从层层史料的梳理中，从清代中前期帝王们的各种表述中，找出一条中国本土的线索，证明今日中华民族之所以能缔造成功，实则得益于历史中国的族群意识与国家意识的交融。笔者也认同安东尼·史密斯等人的观点，认为正是历史中国所形成的族群核心塑造了中华民族。

要特别指出的是，在"中华民族"这个族称中，由于此"民族"与"汉民族"之"民族"的汉语指称重合，常令人陷入纠缠不清的概念争论中。实质上这是两个层级的概念，可以分别对应英语的 nation 和 ethnicity，今日很多学者选择使用"国族"与"族群"来翻译这两个概念，从而规避"民族"这个容易混淆的表述。黑斯廷斯用 ethnicity 表示在前民族国家时代存在的民族体；而安东尼·史密斯则在同一意义上选择使用法语词 ethnie，并特别标识其与古希腊语 ethnos 意义相同；巧合的是，王明珂在《华夏边缘——历史记忆与族群认同》一书中亦用 ethnos 对应汉民族。不同的学者在类同的意义上分别使用了这几个不

---

① （美）本尼迪克特·安德森：《想象的——民族主义的起源与散布》，吴叡人译，上海世纪出版集团，2005 年，第 4 页。
② 葛兆光：《重建关于"中国"的历史论述》，《二十一世纪》2005 年第 8 期。
③ Prasenjit Duara. *Rescuing History from the Nation: Questioning Narratives of Modern China.* Chicago and London: The University of Chicago Press, 1995.

同的词形，关于这几个词的意义流变和使用范围，郝时远、张宏莉等人在其论文中有着非常清晰而详尽的论述。①

黑斯廷斯对 "ethnicity" 和 "nation" 进行了区别。他指出：

> 一个 ethnicity 是指一群共享同一文化身份，拥有共同言语的人。在所有前 nation 社会中，它构成了有着区别性意义的要素；但在现有的 nation 社会中可能仅作为一股强大的忠于其自身的分支力量存在着。②
> 比起 ethnicity，nation 是有着远远多得多的自我意识的。它由一个或者多个 ethnicity 组成，被其自有文献所正式认证。它拥有或者宣称其拥有作为一个民族的政治身份和主权，以及对特定版图的所有权。③

按照黑斯廷斯对这两者的定义和区分，中华民族之民族应该是 "nation"，或者称为国族，汉族之族则是具有 "ethnicity" 意义的。中国正是由于 ethnicity 的存在和演化，才逐渐形成了今日关于中华民族（nation）的认同。当然，要特别指出的是，由上述各位学者的论断可以看出，他们都没有仅仅将 ethnicity 或者 ethnie、ethnos 等与血缘画上等号，而更多地关注其文化的内涵，这是与 ethnicity 最初被理解为以血缘关系为核心的种族认同有着本质的区别。④

安东尼·史密斯曾引用美国历史社会学家查尔斯·蒂利（Tilly Charles）的话指出：国族（nation）既不是如现代主义建构论者指出的完全是由现代社会建构起来的，也不如原基论者认定的是真实自然的产物，而是由人力控制之外的客观因素和人的意愿行为共同参与创造的。地理环境、政治事件、战争等都可能为某一群体的形成提供条件，但这一结果的最终实现取决于这个群体或其统治阶层在多大程度上意识到他们的身份并且通过教育、法律和形成管理核心去强化它。⑤他认为，现代的国族既可以被认为是由民族主义精英分子建构或者想象出来的；同时也应该看到，其又是真实存在的，有历史渊源的：在民族国家的形成中离不开古老的族群 "ethnies" 的核心凝聚力。同样，史密斯也对两个

---

① 参见郝时远：《Ethnos（民族）和 Ethnic group（族群）的早期含义与应用》，《民族研究》2002年第 4 期；张宏莉：《俄罗斯 этнос（民族）理论中的几个术语》，《民族研究》2006 年第 1 期。

② 原文为：An ethnicity is a group of people with a shared cultural identity and spoken language. It constitutes the major distinguishing element in all pre-national societies, but may survive as a strong subdivision with a loyalty of its own within established nations.

③ John Hutchinson & Anthony D Smith,ed. *Nationalism:Critical Concepts in Political Science Vol.*Ⅱ. London: Routledge Press, 2002.p.508.

④ 对于 ethnic 被误解为 racial 的问题辨析，可参考吴燕和著，袁同凯译：《族群意识认同文化》，《广西民族学院学报》1998 年第 3 期。

⑤ Smith, Anthony. D. *The Antiquity of Nations*. Combridge: Polity Press, 2004.p.183.

层级做出了区别，他使用了法语词 ethnie①来与 nation 做区别。他将 ethnie 定义为：拥有共同祖先传说、历史、文化，与特定领土有关联，并拥有凝聚感的人类群体。②

史密斯同时为 ethnie 和 nation 各自列举了五个主要尺度以展示其区别。③

ethnie 所对应的是：

（1）自我定义（包括一个集体认同的正式名称）。
（2）共有的起源和祖先的神话。
（3）共享的历史记忆。
（4）某些共同文化因素。
（5）至少存在于其精英成员之中的某种一体同心的意识。

而 nation 所对应的则是：

（1）自我定义，包括一个有共识的名称。
（2）共有的起源神话与记忆。
（3）独特的、共享的大众文化。
（4）对于历史性家园的占有或所有权。
（5）所有成员的共同权利和义务。

史密斯认为从两个列表中可以看出两者之间的区别和联系。他指出，比起 ethnie，nation 拥有更高级的大众文化，而不再仅仅是某些共同文化因素；拥有对领土的所有权，而不再仅仅是与某个共同起源地的象征性的联系和记忆；成员之间的凝聚力也更加牢固，他们为共同的法令所约束，拥有着同样的权利和义务。但是他同时也指出，无法忽略的是 nation 是以先于其存在的 ethnie 为核心发展而来的，继承了 ethnie 的自我定义、神话传说、象征、价值以及记忆。④

为此，他批评建构论的 nation 定义忽略了一个重要的构成要件。他认为，直到今天，nation 之所以能叫 nation，而不仅仅被称为领土国家，正因为其拥有共同的历史文化，即共同起源与传承的传说、共同的记忆以及共同的文化符号。

---

① 郝时远在《Ethnos（民族）和 Ethnic group（族群）的早期含义与应用》中指出：在法文中，ethnie 表示不管国界如何，由种族、文化和感情的纽带联系起来的人们。因此 ethniefrancaise（法兰西民族）不仅包括法国，也包括比利时、瑞士、意大利等国的讲法语的部分；相应地解释为"每种这样的人口集体总是在目前代表着或者有可能代表一种 ethnie，也是指主观意义上的一个民族（a nationality）"。所谓"主观意义"可以理解为主观意识、自我意识。

② Smith, Anthony. D. *The Ethnic Origins of Nations*. Oxford: Blackwell, 1986.p.32..

③ Smith, Anthony. D. *The Antiquity of Nations*. Ibid.p.18.

④ Smith, Anthony. D. *The Antiquity of Nations*. Ibid.p.19.

这些共同的神话传说、历史记忆与象征符号无疑是继承自先 nation 存在的 ethnie。因此，nation 呈现出围绕这种先在的 ethnie 核心建构自身的趋势。①

在本书中，为了表述上的方便，笔者选择使用"族群"与"国族"来区分二者，行文中，某些引用文字中或可见其他作者使用的"民族""民族主义"，亦是在"族群"这个层次使用的内涵，后文不再赘述。

基于族群核心说，笔者以为在中国语境中，中华民族正是从众多族群发展而来的，就本书论题而言，其中既包括满人族群，也包括汉人族群。实际上，所谓的汉人族群，在更早的时期，也是由众多更古老的族群慢慢融合而成的。当然，"汉"作为一个族群指称由来已久，虽长期以来与"中华""华夏""中原""中国"等名词存在着复杂微妙的重合与游离，但当清太宗皇太极下诏树立起自己的族群旗号——改族称"女真"为"满洲"——以与明朝对抗，也就与"汉人"划定了自我与他者的界限。此后，满汉、蒙汉、回汉等对称成为族群识别的常态。

与此同时，中国认同内涵的扩大，也与族群交往息息相关。如果说汉人王朝所统治的中国有着强烈的汉族意识与内涵，那么，中国历史上北方游牧民族多次南下并据有"中国"地区，对"中国"由族群性概念向国家概念的推进起到了不可估量的作用，其中以清朝尤为明显——诸多方家早已指出，明清之交，清军与汉人地方割据的对抗，并不是出于对有着汉族内涵的"中国"的争夺，而是出于统一帝国的战略规划。随着清政权对中国地区统治的稳定以及其对汉政策的调整，随着"汉"作为专门的族称，"中国"一词无论作为地域名称还是国家名称都超出了汉族中原腹地，涵盖了中国的边疆地区。乾嘉时期的著名学者段玉裁在《说文解字注》中注解"夏，中国之人也"一句时说："以别于北方狄，东北貉，南方蛮闽，西方羌，西南焦侥，东方夷也。"这种以"中国"与"四夷"对称作注的方式，显然是依据先秦以来的一点四方的老套路。仅比他小二十余岁的学者王绍兰便已觉得段注未能反映"中国"含义的发展，于是在所撰《说文段注订补》中纠正："案：京师为首，诸侯为手，四裔为足，所以为中国之人也。"这已然与段注"中国""四夷"的族群对举意识不同，是以"京师""诸侯""四裔"这种政治关系为本位，将之理解为国家。这一转变体现出"清"作为中国政权在人们观念上的反映与词义的规范化。此后，"汉人"被越发明确为与少数民族相区别的称呼；而"华人""中国人"，则成为与外国人相区别的称呼。

其实，"中国"作为国家代称，同样也历史悠久。陈连开早有考证："晚明

① Smith, Anthony.D. *The Antiquity of Nations*. Ibid.p.189-190.

以前，历代中原王朝或南北对峙的王朝，虽各有朝代国号，但均常见以'中国'为通称。边疆地区由当地族群建立的边疆王朝，也往往在其国号、王号上冠以'中国'。"①元、明以来，海上交通日益发达，与邻国及东南亚、阿拉伯交往时，亦自称中国。其时，西方各国派遣的传教士来到中国传教，与皇帝和官僚集团多有接触，记录其活动的中国文献也常见自称中国，并称对方为"西国"或具体国名。由此，在国家意义上区分"中""外"的观念日益明确起来。欧洲耶稣会士来到中国以后，编撰了诸多作品，向西方人介绍中国的历史、地理、族群、文化等内容，其中也多称中国为"中华帝国"。康熙二十八年（1689），中俄签订了《尼布楚条约》，这是中国与外国确定边界的第一个国际条约，康熙所派遣签约的首席代表索额图，其头衔为"中国大圣皇帝钦差分界大臣"，表明其受"中国"皇帝差遣，行使的是"中国"主权。由此可窥，此时的清朝已以"中国"正统自居，此时的"中国"已不能同"汉族"画上等号。

鸦片战争时期，"大清国"作为独立国家的主权受到了侵犯，而在与西方打交道时，"中国""中华"都在法律文件中与"大清国"之称并举，如清方在《南京条约》中自称"大清"，《望厦条约》中自称"中华大清国"，《黄埔条约》中自称"大清国"，《马关条约》中自称"大清帝国"……而八国联军的《辛丑条约》内文则同时混用"大清国大皇帝""大清国""中国""中国政府"与"中国全权大臣"等语。可见，其时，中国、大清、中华大清、大清帝国具有同样的内涵。

二、清王朝的中国认同

20 世纪下半叶，费正清提出以鸦片战争和《南京条约》的签订为界，将清朝历史分为两半，之前为"传统中国"，之后为"现代中国"，暗示着中国的现代化国家意识来自西方的冲击与中国对西方的回应。这一暗示，得到了很多学者的认同。比如，美国哈佛学派第二代学者列文森和政治学家白鲁恂就明确提出了著名的"传统—现代化"模式。该模式认为近代中国是在西方刺激下从天下主义向民族主义、国家主义转向的，中华民族仅仅是梁启超等人通过建构一部前所未有的同源同祖的集体记忆"民族历史"而建构起来的。近年来，很多西方研究者也着重强调清帝国与众不同的满洲元素，忽视了满洲统治者在与汉文明的双向互动的过程中已将自身的满洲元素融合与放置于中华文明的历史情境之中。

① 陈连开：《论中国历史上的疆域与民族》，《中央民族学院学报》1981 年第 8 期。

但中国学者们却针锋相对地强调满族建立的是一个"中国的王朝"。2010年中国人民大学清史研究所主办的"清代政治与国家认同"国际学术研讨会、中国社会科学院近代史研究所政治史研究室主办的"清代满汉关系史"国际研讨会等会议就此论题展开了激烈的交锋。中国学者郭成康、汪利平、定宜庄、葛兆光、胡鸿保、黄兴涛、杨念群、刘文鹏、王明珂、罗贤佑等人,从满汉文化的双向互动融合、满族统治者的"中国"认同、清朝的"大一统"观念、华夏"边疆"观念的发展、从"自在"到"自觉"的中华民族认同以及中国民族国家与欧美民族国家截然不同的独特性等角度正面出击,捍卫源远流长的"中国认同"。

其实,海外学者中也有另外的声音,与当下标新立异的新一代学者不同,著名美国汉学家史景迁(Jonathan D. Spence)与魏斐德(Frederic Evans Wakeman)都主张将清史视为一个整体来研究。20 世纪 80 年代以后,海外清史研究就开始批判这种认为西方对清帝国和近代中国影响至深的"回应与冲击"模式,柯文(Paul A. Cohen)就提出了"在中国发现历史",认为只有回到中国自己的历史与话语中,才能找回"中国"之本真。同是汉学家,施坚雅(G.William Skinner)、华德英(Barbara Ward)、华琛(James Waston)等人类学家,早已指出在近代民族主义兴起之前,中国就已经是一个政治、文化都高度整合的社会,如果没有这个深刻的历史根源,十数年内凭空建构并维持一个庞大的"国族"(nation)是不可想象的。

在人类学界,中国学者们也通过区域性的田野考察法,观照了中国国家意识的发展线索。如科大卫和刘志伟关于珠江三角洲地区的宗族研究、萧凤霞对小榄菊花会的研究、陈春声对潮州地方动乱和民间信仰的研究、赵世瑜对华北地区的研究等都已证明:中国各个区域的国家认同是从不同时代开始的,每个区域融入中国的时间都不一样,中国认同处在一个发展的进程中,并非只是近代民族主义的产物。有一种事实应该得到承认:认同是一个演化的过程,哪怕其中有人为的建构,其建构也不是一蹴而就的,而是经过漫长的时间、无数人的集体创造,建构本就蕴含于演化过程之中,建构的动力就来自认同本身,必是有根之水,只看到建构,无视演化,则是无本之木。

三、人类学视野中的帝王书写

当下关于国家与族群意识的研究,更多关注群体性事件,却忽视了承载个人情感的个体书写文本。笔者以为考察"认同"或"意识"实则都离不开对个体情感的观察,特别是观察那些对群体意识有着重大影响的个体,所以本书特别关注对于促进国家和意识形态上有着清醒自觉的清代中前期帝王们。他们身兼满族族群领袖和中华帝国元首的双重身份，面对族群冲突与国家融合的时代需求有最直接和重大的思考与影响。他们的书写与表述既反映出个人情感的志趣又兼具工具理性的考量，既有个人的偏好差异又有传承的同一性，对其进行梳理和阐释，将最直观地呈现出清代社会精英之中国认同与族群意识的样态，对坚定和宣传中国文化自信是一剂强心针。

此外，当前学界关于清代族群与国家意识的研究大都以具体的史料文本为依据，少有关心非史料文本及其被复写、摹写乃至再书写的过程。笔者却注意到清代中前期帝王关于族群和国家的写作并不仅限于官方史料文献，还有诸多个人化的书写。其中既有对同一主题的世代接力，也包括某一文本在历史进程中被选择、修改甚至再创造的历时变化。文学人类学将那些初始的文本称为"本文"，以区别于此后在传播中形成的各种文本。而"本文"被创作、记录、选择、淘汰、再写作而成为新"文本"的历时性行为，文学人类学目之为表述过程。这一表述过程的完成，并非一人一时之力，是由帝王本人及其后代子孙以及官僚机构甚至普通臣民合力完成的。在这个意义上，清帝写作从"本文"到"文本"的流变，也正是清代统治阶层国家与族群意识变化的最直接的体现。这是比单一的史料、事件更能有力地证明清代中国认同情况的新证据。

而所谓书写，笔者以为并不局限于传统意义上的书面文学、精英文学、作家文学，这可以说是一个人类学意义上的概念，书写的外在表现形式是多种多样的，比如"日记与小说，当然，专著和论文，诗歌、歌曲和剧本；还有农田的轮廓和耕耘的方式；型塑、支撑身体的方式以及文身和衣着的式样；跳舞、谈论政治、演说、交易、战争等活动的方式等"①。所有这一切都是一种记忆的方法，使生命的秩序和意义得以记录、保留和回忆。在此意义上，书写可以被定义为"以符号形态存在的，一系列思想、观念、感觉的综合体，由此从过往的经验中创造并保留一套意义体系，以备后来检索、修改和细化"②。这个巨大的范畴不仅囊括了狭义的文学，更打开了广阔得多的意义世界。

其实，从 20 世纪 80 年代末以来，史料记载的科学性和真实性开始为人类学所质疑，其表述方式和资料选择呈现出的情感取向和认同选择，使得那些曾经被认为是科学记录的仪式、方志、正史、文献有了人为的情感立场，也因此，

---

① （美）奈杰尔·拉波特、（美）乔安娜·奥弗林：《社会文化人类学的关键概念》，鲍雯妍、张亚辉译，华夏出版社，2009 年，第 372-373 页。

② （英）奈杰尔·拉波特等：《社会文化人类学的关键概念》，鲍雯妍等译，华夏出版社，2005 年，第 355 页。

这些被狭义文学所排斥的范畴被列为"书写"名列文学人类学研究对象旗下。与此同时，人类学学科发生了文学转向，文学所凸显的情感和认同的"真实"被认为具有人类学价值，不再因其"虚构"的属性而被追求科学性的人类学者忽视。正是在此前提下，仪式、笔记、文学作品等真实性、史料性受到其文学性、虚构性挑战的文类，才可能成为运用人类学研究方法考察的对象。从文学人类学的角度出发，笔者根据族群研究的主要标准将"书写"具象化为：祖先叙事、历史记忆、地理符号、身体叙事、语言表述、仪式表述等内容。在涉及具体的语言表述时，笔者与强调满文文档的西方学者不同，更强调"汉语"书写。因为，作为政治优势最显著的人群，身为"满洲"首领的清帝王的汉语写作内容以及选择写作语言这一行为本身，就是考察其国家意识的重要切入点。汉语作为"中国"成员最强势的应用语言存在于漫长的历史中，清朝的统治也没有改变这一现象，尽管其统治阶层为了凝聚认同创造出了年轻的满文。而语言是凝聚认同最直接的工具，汉语在族群语言与官方语言之间的微妙变化，其本身已昭示了族群意识与认同的变化趋向。

当然，帝王的身份构成是复杂的，这种复杂来自个人意志与集体意识的矛盾，进而分割出两个自我，一个有着内心隐秘的个人世界，一个面向治下的臣工百姓。比起血统未受"华夷"论调甄别的帝王们，清代帝王的身份分割还具备更多层次——他们是有个性的个体行动者，也是继承了中华帝系的国家元首，还是满族的族群领袖。他们面向臣民的部分再次被分割，一面是所谓"生而承继"的满洲身份，一面面向其他族群，特别是人数众多的"汉人"。

也许纷繁复杂的局面使帝王本人亦分不清自己扮演的角色是出于真心还是出于政治需要，但是笔者并不想仔细去辨析他们的这些行为属于哪个意识层次，这只会令人迷失方向，深陷于文化泥沼之中。笔者试图从文学人类学视角观察整个表述发生、发展的过程。从这一角度而言，表述的原作者仅仅完成了人类学表述行为的开始，整个表述活动是由无数人与社团共同合力完成的，或者说永无完成的时候，因为后世还将继续这个表述的过程。国家与族群意识也正是在这个无穷无尽的表述过程中被建构、更新、发展的。

第一章

满洲首领与中国皇帝

清代帝王的身份构成是复杂的，他们面对着来自不同层级的集体意识之间的矛盾：他们既是满洲的首领，又是整个中国的皇帝；既承担着满族本身的历史构建与文化重塑，又衡量着帝国内部各族群之间的融合；既告诫子弟"满汉畛域"，又将"满汉一家"宣之于朝，同时充分享受出入文化之间的选择自由：练汉字书法、钻研汉语经典、喜好汉语诗词、在《行乐图》中穿上汉装……因此，这些帝国金字塔的顶尖人物本身，就是多元文化交汇碰撞的代表。

第一节　帝王形象的多重表述

近些年，西方研究者热衷于描述清代帝王，使我们看到了很多不同于中国学者的立场和表述，同一帝王在不同的人笔下也出现了完全不同的理解。

比如，"在柯娇燕的笔下，我们看到了这样一个乾隆皇帝：不仅仅是满洲人的大汗，更是全天下的共主，拥有征服者、家族首领、神权领袖、道德典范、律令制定者、军事统帅、文化艺术赞助者等多重身份，他会多种语言，可以和治下各区域领袖自由交谈，被不同人群视作转轮王、紫微星、哲人王"[1]。甚至当要求旗人要学习自己的语言、练习骑射、保有自己的特性时，乾隆都与一般旗人不同："他，乾隆皇帝，是一个精通多种文化的典范，一个能欣赏所有文化的美学家，是全天下的皇帝，而他们不是。"[2]"她认为在17世纪30年代，清建国的同时并没有同时建立起一个传统的'满洲'文化或认同，满族成为一个民族的历史是与清帝国的历史纠缠共生的，其形成过程受到帝王的意识形态所影响。在她看来，清帝国统治者所构建的天下秩序观中，皇权的表达具有'共主性'，成功地将几种不同的统治方式糅入皇权之中，并在不同的地域空间和价值体系中发挥不同的作用。因此，在这样的天下秩序观之下，满洲人也只不过是作为帝王统治之下的一部分而已，清朝的皇帝绝大多数时间里，把满洲人仅仅看作是多民族帝国的一分子，和他们并置的还有其他成员：汉人、蒙古人、藏人、维吾尔族人……清国的皇权则是超越文化的一种存在，清朝的皇帝是天下所有臣民和文化的共主。"[3]

而在欧立德的笔下，我们看到的是另一个乾隆帝："他时刻不忘记自己满洲

① 本节内容，多采用本人论文：《小议美国"新清史"学派族群视阈的内部差异——从对乾隆帝形象的不同塑造谈起》，《中美人文学刊》2017年第1辑。
② Crossley, Pamela Kyle. *The Manchus*. Cambridge: Blackwell Publishers Inc, 1997.pp.128.
③ 本人论文：《小议美国"新清史"学派族群视阈的内部差异——从对乾隆帝形象的不同塑造谈起》。

人和征服者的身份，满洲成为一种超然的存在。"①在这样的语境下，他特别强调乾隆帝的满族认同："作为满洲的领袖，乾隆还肩负有另外一个类似的职责，即确保满洲人和满洲传统不会消失。……清帝是满洲统治的代表人物，如果他有子嗣，如果皇帝的家庭保留了满洲的那些特征，满洲的统治才有可能得以延续。"②"（他）不知疲倦地去维持和加强诸如勇猛、节俭以及骑射技巧等满洲的传统和美德。他尽其所能去保护满洲特有的认同，包括推进满语的使用、整理并编辑历史资料、书写赞美满洲故土的诗歌、整编宗教礼仪及庆祝满洲的尚武文化等。"③

于此，我们看到了两个不同的乾隆皇帝，一个视皇权为至高无上，没有什么可以凌驾于上，另一个则视族权为重中之重，是皇权不可动摇的根基；一个视天下万民不分部族，超然其上；一个首崇满洲，为满洲大家庭操心焦虑。究竟哪一个是真实的乾隆呢？尽管有差异，我们仍然看到两位学者的某些共性，比如在对待汉文化的问题上，他们两位笔下的乾隆不管是出于哪个角度，均表现出一种功利的、装扮出来的亲近。④

对于儒家思想，在欧立德看来，乾隆也并非虔诚的儒家信徒——"圣王"，而是"作为中国的统治者，不得不与其他大部分臣民一起学着接受这些思想……因为如果不这样做，就有可能面临失去文人和富裕阶层支持的危险，而朝廷对国家的统治是离不开这些人的支持的"⑤。对于乾隆最得意的两大功绩之一的"南巡"，我们的传统解释往往是这位帝王对于汉文化的仰慕和亲近，欧立德则认为："围猎让他可以接触他的满洲和蒙古拥护者，巡游则给予他古人的声音……在那个声音的背后，人们能够清楚地倾听到征服的回声，听到通过武力战胜一个王国的回声，听到一百多年前江南各城投降的回声。"⑥

尽管柯娇燕的乾隆皇帝超然于万民之上，但这种超然也使得他在处理所有群体的关系时显得冷漠而功利。在柯的笔下，他也不是虔诚的儒家信徒，只不过并不如欧立德所谓的乾隆迫于无奈去学习，而是将程朱理学当作政治工具。对于父亲雍正皇帝不厌其烦地宣扬《大义觉迷录》，与众位儒学信徒辩论"华夷"

---

① 本人论文：《小议美国"新清史"学派族群视阈的内部差异——从对乾隆帝形象的不同塑造谈起》。

②（美）欧立德：《乾隆帝》，青石译，社会科学文献出版社，2014年，第70页。

③（美）欧立德：《乾隆帝》，前引书，第80页。

④ 本人论文：《小议美国"新清史"学派族群视阈的内部差异——从对乾隆帝形象的不同塑造谈起》。

⑤（美）欧立德：《乾隆帝》，前引书，第110页。

⑥（美）欧立德：《乾隆帝》，前引书，第122页。

与"正统"的做法，他不以为然，即位后就推翻父亲的决定，以雷霆手段收回所有书籍，酷刑处决了挑衅皇家权威的罪人。这是因为大清帝国的皇帝没必要继续在孔夫子的画像面前低声下气，没必要轻描淡写地否认自己祖先的文化而去拍那些被征服者的马屁。①

然而，对于乾隆皇帝，我国从民间到学者都有太多的表述，相关著作浩如烟海，代表作可参见戴逸先生《乾隆帝及其时代》等。中国学者们评价他是作汉语诗最多的帝王，一人之作四万多首，足以抵全唐诗的数量，虽然质量受人诟病，但这么巨大的数量很难想象其仅仅扮演亲近汉语言文学。我们诟病他大兴文字狱，好大喜功，喜好巡视，外交失误，却从未将其当作非汉族皇帝而视其为帝王谱系中的异类。实际上，在中华帝王谱系上，异族帝王也并不仅仅是乾隆一人、爱新觉罗氏一族。国内学者们并不去过多强调这些非汉王朝、非汉皇族的族群性，是因为在国内史学界的共同认知中，清王朝的历史早已列入中华帝王谱系，成为中国历史中不可动摇的组成部分，帝王本人的族群身份早已被统治者的权力话语所模糊，就像以 80 高龄写文反驳罗友枝捍卫"汉化"的何炳棣先生一样，认为这些非汉的王朝和帝王在入主中原以后，已被汉文化洗礼而内化为华夏中国的一部分。②

笔者以为，中国学术群体中达成的这种共识不是来自现代话语的建构，更来自清朝历代帝王对于中华帝王谱系的自我认同：作为对帝王评价和期许的清代帝王的尊号、谥号、年号的命名方式，作为"天子"继承治统的各种祭告仪式，对历代帝王庙的祭祀，接管前代明代帝陵的官方宣告以及屡次南巡祭告明太祖孝陵的举措，都体现出了历代王朝一以贯之的传承。乾隆皇帝本人褒奖南明抗清人士为"忠臣"、抨击降清汉臣为"贰臣"，从而统一了忠诚的标准——这一标准超越了族群的区别，指向了一个共同效忠的对象，即正统中国王朝。从这些西方学者们避而不谈的方面，我们都可以看到清朝帝王包括乾隆帝对于中国历史承续性的自觉使命感。西方学者笔下的乾隆皇帝和清朝帝王表现出在空间上与同时代的世界秩序紧密联系，从而凸显出区别于其他王朝和帝王的特性；但却并没有将他们统治的帝国纳入时间的坐标中衡量，因而忽略了他们在时间

---

① Crossley, Pamela Kyle. *The Manchus*. Cambridge: Blackwell Publishers Inc,1997.pp.111.翻译论述均见本人论文：《小议美国"新清史"学派族群视阈的内部差异——从对乾隆帝形象的不同塑造谈起》。

② 本人论文：《小议美国"新清史"学派族群视阈的内部差异——从对乾隆帝形象的不同塑造谈起》。

这个度量上的中华帝王体系中的位置。[①]

第二节 "中国"皇帝

实际上，就清帝本人的表述而言，他们对自身与"中国"的关系有着非常清楚的认知。

万历三十一年（1603），努尔哈赤在赫图阿拉筑城，两年后致信辽宁总兵李成梁等人，自称：

> 收管我建州国之人，看守朝廷九百五十余里边疆。所谓"边疆"，明白无误地指"朝廷"的边疆，这里透露出来的是奉明朝皇帝为主的大中国的国家意识。即使在后金起兵揭开了长达 25 年之久的对明战争之后，努尔哈赤和皇太极也从来没有萌生过在国家版图之外另辟乾坤的念头，他们念念不忘的是，如何尽快实现入关占据燕京（或南京或汴京），取代明国，以为天下中国之主的宏图伟业。公开称帝，则与明朝尔我相称，以示平起平坐之意，虽然仍奉明朝为"中国"，但认定"中国"并不是明朝皇帝，也不是汉人可以永久垄断的。[②]

与此同时，明朝也认为他们是国家边远地区羁縻卫所的长官，是"款市贡夷"，虽鄙视其为"东夷"，但并没有将他们摒弃于大中国之外。

在背明自立的这个过程中，清朝入主中原前的两位主人努尔哈赤与其子皇太极已经定下了依据汉文明立国的基本方向，做好了"中国"正统继任者的准备。蔡美彪先生梳理了这一过程的三个步骤：

> 一、努尔哈赤于 1616 年建国称汗，号"天授覆育列国英明汗"，采蒙古汗制，以示背明自立。两三年后，铸造满文天命金国汗之印行用。努尔哈赤所从出的族姓爱新（金），成为海、建诸部共同的族称，并用为国名。"后金"一名系由朝鲜传入明朝，并非努尔哈赤自建的国号。纪年用干支，无年号。汉文文献以"天命金国汗"汗号纪年，称天命某年。

[①] 本人论文：《小议美国"新清史"学派族群视阈的内部差异——从对乾隆帝形象的不同塑造谈起》。

[②] 郭成康：《清朝皇帝的中国观》，《清史研究》2005 年第 4 期。

二、皇太极于 1626 年即位，至 1636 年建号大清前，号淑勒汗，汉译天聪汗。族名与国名仍为爱新或金。继续行用天命金国汗之印。纪年并用年序与干支。满文称淑勒汗某年，汉文作天聪某年。

三、1635 年皇太极改定族名为满洲。1636 年改采汉制，建国号大清，年号崇德。正式采用皇帝称号，尊号宽温仁圣皇帝。[①]

如果说，努尔哈赤建国称汗还是受到蒙古臣僚的影响，那么皇太极于 1636 年依照汉族王朝模式建号改制，就已经是其采纳汉文明的宣告。1636 年 4 月，皇太极祭告天地，正式建国号为大清，年号崇德，并正式采用"皇帝"称号，上尊号为宽温仁圣皇帝。"这不是简单的名号改易，而是标志满族国家制度和统治思想，从采纳蒙古文明到采纳汉文明的历史性的转折。"[②]

虽然满文文献中此后仍有"汗"之称呼，但"皇帝"一词已经不仅仅是"汗"在汉语里面对应的译名，而是一个宣诸外界的专门称号。"宽温仁圣"，显然注入了"内圣外王"的典型儒家观念以及"仁"之儒家核心要求。皇太极称帝后，追尊努尔哈赤为"承天广运圣德神功肇纪立极仁孝武皇帝"，其中"圣德""极仁""孝"实出自同样的考虑。崇德"改元"，是满族历史上第一次像汉人王朝一样"建元"，而年号"崇德"一词也明确昭示了皇太极遵奉儒家思想的基本国策。

这些宣告，当然离不开汉臣的建议与影响。与乃父身边多是蒙古臣僚不同，皇太极很早就录用汉人文士作为谋臣，如从俘虏中相继提拔汉人范文程、宁完我、王文奎等入文馆，成为极大影响其思想和决策的汉文明的传播者。基于汉臣的人员班底，早在改元之前的天聪五年（1631），皇太极已采用明制，设立六部，分管政务，开科取士，录用蒙汉文职官员；在建号改元之时，更下命编修了《登基议定会典》，制定礼仪制度，又模仿明朝对国家制度做了多方面的改革。总之，就国家总体制度而言，皇太极改元已经标志着清朝开国之初的建设方向从最初效仿蒙古汗国制转向了效仿汉族王朝的体制。

崇祯十七年（1644）三月十九日，李自成率军攻陷京师，明崇祯帝在煤山自缢，明朝亡国。同年四月四日，范文程向摄政王多尔衮建言进取中原，此时，他们还不知明朝已亡。四月九日，多尔衮率军启程，十三日得知李自成军队占领京师，二十二日联合吴三桂于山海关击溃李自成，五月二日清军进入北京。

---

① 蔡美彪：《大清国建号前的国号、族名与纪年》，《历史研究》1987 年第 3 期。

② 蔡美彪：《大清国建号前的国号、族名与纪年》，《历史研究》1987 年第 3 期。

同年十月，清顺治帝称"祗荷天眷，以顺民情"，"兹定鼎燕京，以绥中国"①，以此告祭天地，即皇帝位。

此后，顺治时期的政治文献中已经出现了将整个清朝统治区域称为"中国"的表述。康熙中期以后，"中国"的这一内涵更成为朝野共识。康熙晚年，已然感受到来自西方的威胁，其预言"海外如西洋等国，千百年后中国恐受其累——此朕逆料之言"②，可见此时康熙对于"中国"内涵的理解，是置于"海外""西洋"的参照标准之下的。乾隆时期，用"中国"来涵盖全部政治领土并使用其作为对外的自称，已经成为一种制度。乾隆三十二年（1767），针对朝贡国的称谓表述，乾隆帝有更清楚明了的表述和指示："夫对远人颂述朝廷，或称天朝，或称中国，乃一定之理。"③

学者黄兴涛曾统计清朝最重要的史书《大清历朝实录》里"中国"一词的使用情况，称其结果是：

> 1912 年之前共有 1680 多次的使用，其中那种包括全部清朝所治区域与民族在内含义的"中国"，以及泛指此前古代中国的用法竟占到了98%以上。而仅指所谓明朝统治区域（即狭义中原）的其他使用极少，不到 30 次，也即占不到 2%，其中近一半尚为入关前的使用。入关后的使用基本在乾隆朝以前，并且多是在追述历史、分别满汉关系的特殊语境下，如雍正与曾静论辩华夷等场合才出现。④

并阐释说，这种现象，是满人皇帝及其上层所主导的、以整个清朝统治区域为范围的"中国认同"之集中体现。究其原因，是因为：

> 在中国历史上，一旦掌控中原的王朝统治稳定下来之后，国人的王朝认同与"中国"国家认同就趋于一致，特别是当其遇到"华夷天下"之外的外国或外国人时，该王朝就代表"中国"，并自称中国和中国人，两者实际上就变成一回事。而同时"中国"也就当然成为自在的、中外双方均自然习惯使用的国名，明清时代尤其如此。⑤

故此，黄兴涛指出：清帝，尤其是入主中原之后的清帝，其最主要的身份

第一章　满洲首领与中国皇帝

---

① 《清实录·圣祖仁皇帝实录》卷 9，中华书局，1985 年，顺治元年十月乙卯。

② 《清实录·圣祖仁皇帝实录》卷 270，前引书，康熙五十五年十月壬子。

③ 《清实录·高宗纯皇帝实录》卷 784，中华书局，1985 年，乾隆三十二年五月上。

④ 黄兴涛：《清代满人的"中国认同"》，《清史研究》2011 年第 1 期。

⑤ 黄兴涛：《清代满人的"中国认同"》，《清史研究》2011 年第 1 期。

或最高身份是中国皇帝，其他身份均笼罩在"中华皇帝"的光环之下。相应的，在文化上，清朝虽多元文化并存，但儒家正统，一如汉以后的大多数中原王朝，是清朝建设政治文化合法性的核心价值来源，是其政治权力得以维系的根本。[①]儒家思想，自汉朝以来，就是历代王朝，尤其是汉人建立的大一统王朝的立国根基，清帝对其功能的认识非常清醒，历代清帝都标榜尊儒重孔就是其最突出的标志。

作为孔氏家族家庙的孔庙，其文化意义早已超出了家族范围。历代王朝的加封和优待、民间士人的崇拜已经让这座家庙与"正统"和"天命"紧密联系在一起，成为一个从官方到民间都承认的族群认同的符号。作为外来的"夷"族，清王朝的统治者在"尊孔"上更是做足了文章。康熙在这上头就下了大力气。

在明清鼎革的斗争中，满人首领、清朝先帝们始终对那些临难不苟、宁死不屈的忠臣义士怀有由衷的敬意，在多次观察后，知晓其保持忠贞气节的原因乃是读书明义，由此萌生了养"士"之心。努尔哈赤攻下辽阳时，曾极力招降被俘获的明巡按御史张铨；其后，皇太极又极力招降大凌河之战中俘获的明将张春，两人均坚决拒降。皇太极从张春身上尤其感触颇多。他曾问范文程："朕见中原各将虎视角出，遇势绌计困，即倒戈归命，如摧败朽。文臣一竖儒生，往往不易屈者何也？"范文程回答："文臣读圣贤书，忠孝名节生平所学，所以危不爱身，不欲负国家养士之报也。"皇太极听后"跃起"曰"为人臣子不可不读书，朕见张春果然"，于是，"悉令诸王贝勒旗下子弟皆遣就学，因春始"[②]。

由此，养士崇儒的思想在清代统治者的治国方略中被延续下来。而孔子是士人之师，知识分子的精神坐标，要养士并获得士心，必从尊孔始。而且，为了获得在中国社会结构中举足轻重的知识阶层的有效支持，亦为获得正统地位，历代帝王亦无不尊崇孔子。因此，对于入主中原的少数民族统治者来说，是否尊孔更直接关系到能否稳固其统治基础。

清世祖在未入关前，就曾"遣官祭先师孔子"，表示对儒家先师的尊崇。顺治元年（1644），冬十月丙辰，以孔子六十五代孙孔允植袭封衍圣公，其他五经博士等官袭封如故。[③]孔府档案0079亦记载清世祖承认孔府在明朝的一切特权，"嫡长子孙仍袭衍圣公，次子承袭翰林院五经博士。曲阜知县独用孔氏"[④]。

---

① 黄兴涛：《清代满人的"中国认同"》，《清史研究》2011 年第 1 期。

② 左懋泰：《张公传》，参见张玉兴：《张春及其〈不二歌〉——兼论沈阳三官庙与盛京皇官之关系》，《清史研究》1992 年第 4 期。

③《清史稿》第 2 册，中华书局，1976 年，第 88 页。

④ 转引自张秀荣：《孔府档案概述》，《历史档案》1995 年第 1 期。

《清史稿·志五十九·礼三》"至圣先师孔子"条列举了顺治帝尊孔重道的一些活动。如：

> 崇德元年，建庙盛京，遣大学士范文程致祭。……定春秋二仲上
> 丁行释奠礼。
> 世祖定中原，以京师国子监为大学，立文庙。
> 顺治二年，定称大成至圣文宣先师孔子。
> 九年，世祖视学，释奠先师，王、公、百官，斋戒陪祀。①

其中，顺治九年（1652）的视学典礼尤其隆重，皇帝亲自祭孔，"幸学释奠，行三献、两跪、六叩头礼"，然后到彝伦堂听祭酒讲四书，司业讲经，以后清帝视学遂为定制。而更为值得注意的是顺治十四年（1657）对于孔子尊号的追加，以为"大成文宣"四字，"不足以尽圣"，改题为"至圣先师"。此外，顺治七年（1650），清世祖又谕礼部："帝王敷治，文教为先。臣子致君，经术为本。自明末扰乱，日寻干戈，学问之道，阙焉未讲。今天下渐定，朕将兴文教、崇经术，以开太平。"②这一宣称更奠定了清朝对汉文化政策的基调。

然而，顺治帝"尊孔崇儒"的思想文化政策，因受到满洲上层贵族保守势力的强烈抵制并未得到贯彻落实。直至康熙初年，辅政的满洲四大臣恐惧于"渐习汉俗"，要求返归所谓的"淳朴旧制"，要求固守原有的"家法""祖制""旧章"，撤销翰林院，废除八股科举取士制度，并罢黜、迫害了一批主张推行汉族政治文化政策的官员。保守派的这一系列警惕汉化的措施，不仅加剧了满汉族群之间的对立冲突，也造成了与皇权之间的尖锐矛盾。康熙亲政以后，为了稳定士心，消融满汉对立情绪，对尊孔崇儒的政策推行远超顺治以及辅臣当政时期。

孔府档案《国朝恩典节略》中，对康熙帝的格外礼遇亦有详尽的记述③，如：

康熙六年（1667），衍圣公孔兴燮卒，康熙帝"赐祭葬"。

康熙七年（1668），康熙帝"敕孔毓圻承袭衍圣公"。

康熙八年（1669），康熙帝在京"幸学释奠"，并"先期遣行人召取衍圣公孔毓沂率各博士、族人等赴京陪祀"，举行祭孔仪式，予以殊荣。

康熙九年（1670），康熙帝"授衍圣公孔毓圻光禄大夫"。

而尤其要强调的是，康熙十一年（1672）三藩之乱爆发后，康熙帝推出的

---

① 《清史稿》第 10 册，前引书，第 2532-2534 页。

② 《清史稿》第 12 册，前引书，第 3114 页。

③ 转引自林永匡：《明清两代对孔府的"优渥"事例》，《辽宁师范大学学报》（哲学社会科学版）1984 年第 3 期。

开"博学鸿词"特科、征举"山林隐逸"等政策起到了非常良好的稳定汉士士心的作用。而也正因这些政策在平定三藩之乱中起到的积极作用，在平定三藩后，康熙帝更加重视这些政策。

特别具有象征意义的是康熙帝亲赴山东曲阜祭孔一举，其表现出的诚意和极高的礼节，更对收服全国汉士的心起了决定性的作用，连黄宗羲此等坚定遗民也连呼其为"圣天子"。康熙二十三年（1684）十一月，康熙首次南巡时，亲诣曲阜孔庙，行三跪九叩之礼，这是一场高调的仪式。三跪九叩乃是大祀之礼，而清礼规定祭孔用中祀，这是清朝第一次在祭孔仪式中的破格。而此空前盛典恰好发生在平定三藩、收复台湾后康熙的第一次南巡途中，其政治象征性已不言而喻。

《清史稿》如此记录这次破格的仪式：

> 康熙中，圣祖东巡亲祭，礼部具仪。驻跸次日，帝服龙衮，行在仪仗具陈，行礼二跪六拜，配位、十哲、两庑、启圣祠，皆遣官分献。扈从诸臣，文官知府、武官副将以上，衍圣公暨各氏子孙在职者，咸陪祀。圣心犹未安，命更议。寻定迎神、送神俱三跪九拜，惟乐章与国学小异，可令太常司乐及乐舞生先往肄习。帝亲制祝文。祀日诣庙，至奎文阁前降辇，如斋所小憩，自大次出，入大成门，登殿释奠毕，御诗礼堂讲书。礼成，周视庙庭车服、礼器。更常服，驾如孔林，跪奠酒，三爵，三拜，赐衍圣公以下银币有差。留曲柄黄盖陈庙庭。扩孔林地亩，蠲其税。建庙碑，御书文镌石。又建子思子庙，仿颜、曾、孟三庙制。①

此后，康熙二十五年（1686），在传心殿举行经筵，康熙帝又下诏言："先圣、先师，传道垂统，炳若日星。朕远承心学，效法不已，渐近自然。施之政教，庶不与圣贤相悖，其躬诣行礼。"经筵开讲前，康熙帝亲祭孔子，御衮服，行二跪六拜礼。②

康熙二十八年（1689），康熙下诏"颁御制《孔子赞序》及颜回、曾参、子思、孟柯四《赞》"③，对儒家圣哲竭尽称颂之辞。

康熙三十二年（1693），因重修阙里圣庙竣工，康熙特制碑文，昭告天下曰：

---

① 《清史稿》第 10 册，前引书，第 2539 页。
② 《清史稿》第 10 册，前引书，第 2532 页。
③ 见《东华录》，齐鲁书社，2005 年，卷四十三。《清史稿》记作康熙二十六年，见《清史稿》第 10 册，前引书，第 2534 页。

朕惟大道昭垂，尧、舜启中天之圣，禹、汤、文、武绍危微精一之传，治功以成，道法斯著。至孔子虽不得位，而赞修删定，阐精义于《六经》，祖述宪章，会众理于一贯，为往圣继绝学，为万世正人心，使尧、舜、禹、汤、文、武之道灿然丕著于宇宙，与天地无终极焉。诚哉，先贤所称自生民以来，未有盛于孔子者也！[1]

尊孔崇儒作为处理民族问题、稳定国家根本的一项核心决策，终清一朝都得以坚定的贯彻。甚至雍正帝即位后，推行尊孔崇儒的政策，较之顺治、康熙二帝更力。《清史稿·志五十九》记有：

雍正元年，诏追封孔子五代王爵。

二年，视学释奠……寻命避先师讳，加"邑"为"邱"，地名读如期音，惟"圜丘"字不改。

四年八月仲丁，世宗亲诣释奠。初，春秋二祀无亲祭制，至是始定。

明年，定八月二十七日先师诞辰，官民军士，致斋一日，以为常。

又明年，御书"生民未有"额，颁悬如故事。

十一年，定亲祭仪，香案前三上香。[2]

此后对尊孔礼仪益加升等。虽先师祀典礼直至光绪三十二年（1906）冬十二月才由中祀正式升为大祀，但清朝历代帝王无不以超越中祀的礼节致祭。对此，《清史稿》记载了多次请升先师大典为大祀的朝堂讨论，如雍正时期就有这样一段君臣之议：

我圣祖释奠阙里，三跪九拜，曲柄黄盖，留供庙庭。世宗临雍，止称诣学。案前上香、奠帛、献爵，跪而不立。黄瓦饰庙，五代封王。圣诞致斋，圣讳敬避。高宗释奠，均法圣祖，躬行三献，垂为常仪。崇德报功，远轶前代。已隐寓升大祀之意。世宗谕言："尧舜禹汤文武之道，赖孔子以不坠。鲁论一书，尤切日用，能使万世伦纪明，名分辨，人心正，风俗端，此所以为生民未有也。"圣训煌煌，后先一揆。[3]

由此可见，尊孔崇儒已经在客观上成为清帝国维持不变的国策，展现出对华夏文化的尊敬以及"夷族"向化的姿态，迎合了汉族群的精英阶层——士人"以夏变夷"的文化自豪感以及道统理想，为清代统治集团赢得他们的认同奠定了

---

① 见《东华录》，前引书，卷五十一。
②《清史稿》第 10 册，前引书，第 2534-2535 页。
③《清史稿》第 10 册，前引书，第 2538 页。

良好的基石。

针对西方学者质疑清代帝王尊孔崇儒是出于政治作秀的需要，笔者则认为太过武断。历代清帝都在不遗余力地将儒家经典翻译为满语，在家训中满篇以"大学云""孟子云""程子云""朱子曰"来教育子女包括皇位继承人[①]，如果说当着汉人的面演绎崇拜仪式是作秀，那么面对族人甚而子女，这种身体力行的认同又所为何来？

当然，尊崇儒家思想，不代表允许孔府特殊凌驾于国家原则之上，圣人是圣人，圣人思想是国家基石，但是圣人后裔也只能是一国子民。所以，但凡孔府想要得到与基本国策相违背的额外待遇，都是要受到抑制的。比如，多尔衮执政时下令全体剃发易服，孔府就是一个标靶，用以明示国民即便以孔府之尊也不能罔顾国策。再比如，乾隆二十一年（1756）正月，乾隆帝以"居乡多事"为名，饬诫时任衍圣公孔昭焕，表达了对孔府要求诸多特殊礼遇的不满，同年四月，更宣布改曲阜知县一缺为在外题补。[②]唐宋以来，为了凸显孔府的超然地位，历代政府均用"圣裔"孔家人为曲阜知县，使得这一国家官职成为孔氏世职，可是乾隆帝的敕令一出，千年来的特例被打破，选官权力回归中央，实质就是回到帝王手中。这些事例，无不昭示着帝王心术——尊孔崇儒不代表圣人后裔可以特殊于帝王们的国家一体规划之外。

而且，即便是对汉人族群的文化思想尊崇有加，清代帝王们也不得不一次又一次地应对由于传承千载的文化优越感带来的各种族群之间的矛盾，比如华夷问题，也必须不断地消弭这个人口数量庞大的族群对他者的警惕。

第三节　华夷之辨与"雍受天命"

要看到的是，要解决有着沉重的历史负担的华夷问题，对于清朝帝王而言，从来不是一帆风顺的。华夷观念是一种以"中国"为中心的世界秩序观念，即认为华夏（华）就是中国，也就代表文明，而夷狄（夷）则指中国之外的野蛮地域；"华"与"夷"在政治、经济、文化、风俗等方面都存在很多差异，并且，前者价值明显优于后者。在二者关系中，处于优越地位的华夏需要"化及万方"，而文化落后的夷狄则要"慕华向化"。追本溯源，早期，华夷是根据血统来判定的，如西周初年的"诸夏"是指受到周天子册封的亲戚、勋旧和少量的前朝后

---

① 康熙口述，雍正记录：《康熙家训》，华夏出版社，2018年。
② 常建华：《乾隆事典》，紫禁城出版社，2010年。

裔，而"夷狄"则是处于边缘的土著居民，与周天子没有封贡关系。随着时代的发展和诸夏血缘关系的疏远，经过孔子在《春秋》中的大力提倡，文化秩序逐渐超越血统成为华夷判定的重要标识。在孔子看来，华夷是可以互相转化的，诸夏如果不遵守周礼就应被视作"夷狄"，而夷狄如果能遵用周礼则可进入"华夏"的序列。历史上的无数次族群融合，使这种"文化论"取代了血统论，成为判定华夷的主要方式。从历史事实来看，特别推崇这种文化论的，往往都是被"儒化"的"夷狄"，清朝帝王就是其中典型。从历史案例来看，华夷观会给任何"非华夏"的接受者带来一种自卑，而修正"脱夷"的方式有两种："要么宣称自己是遗落在外的血统上的华夏子孙，要么宣称自己在文化上继承了正统的华夏文明。"[1]清朝帝王，选择了第二条道路。

其实，清朝帝王们在进入中原之初，并没有遭遇特别强烈的华夷观念的冲击。因为明末政治腐败，无数文士实对政治抱观望态度；民间赋税苛重，对清兵入关，普通民众甚至抱有凭之减少赋税的希望。所以最初清兵入关，所遭抵抗并不激烈。然而，当清廷强制推行剃发令，遂引发起如火如荼的抗清运动。发之去留取代旧朝沦丧的耻辱而成为满汉相争的焦点，发已非发，而是族群文化符号的表现，留发与剃发，实为族群文化依存或断裂的象征。剃发令下，诸多士人儒冠而自尽于学宫或文庙中，更是士人将剃发一事视为族群文化灾难的明证。与之相应，企图强行以满俗统一中原的清代统治者当然沦为"窃窃神器"的蛮夷。伴随着清廷军事上的节节胜利，"华夷之辨"的传统思想在汉族中间急剧地膨胀。王夫之在《读通鉴论》中写道："夷狄者，歼之不为不仁，夺之不为不义，诱之不为不信，非我族类，不入我论。"顾炎武提出："有亡国，有亡天下，亡国与亡天下奚辨？曰：'易姓改号谓之亡国。仁义充塞，以致于率兽食人，人将相食，谓之亡天下。'"进而发出"保国者，其君其臣，肉食者谋之；保天下者匹夫之贱与有责焉"的号召。[2]

"在这样的旗帜号召下，江南遍地义师。其中，士人的领导地位分外突出。江阴守城有典史陈选、阎应元；太湖起兵有常州诸生吴福之、徐安远；宜兴起事有卢象观兄弟子侄一门义士以及陈维崧堂叔荫生陈贞禧；江阴起义有贡生黄毓祺；嘉定一役有侯峒曾侯歧曾兄弟父子一门以及黄淳耀黄渊耀兄弟；松江反清有陈子龙与顾咸正一门；太湖聚义有吴江士人吴易；安徽歙州士人金声起义，

---

① 李少鹏：《东亚华夷认知的近代向度——以德川日本和李氏朝鲜时期为视域》，《学术探索》2020年第 3 期。

② 论见本人论文：《"忠臣"与"烈士"：清王朝的治国方略与汉族认同》，《广西民族大学学报（哲学社会科学版）》2008 年第 5 期。

贵池名士吴应箕于本郡响应；转战海上二十年力图恢复有浙江鄞县举人张煌言；为保存南明遗绪更有无数江南名士义士……在这场明知不可为而为之的战斗中，士人以文化精英的自觉高举起了保卫文化火种的旗帜，振臂一呼四方响应。"[1]就此，史景迁非常明确地指出士人与普通民众的联合抗清是在"民族"的旗帜下得以实现的：

> 在长江下游中国最富裕的江苏省，这里也是满腹经纶的儒士官僚云集之地，主要是在意识形态上与满人存在着对抗。在这一地区，反抗领袖有时还能得到当地农民和城市居民的支持。换句话说，在极具号召力的上层阶级的领导下，不同的阶级可以在民族的旗帜下团结起来。在很多事件中，满人剃发的命令起了催化作用，但是更甚的是文人们有着根深蒂固的意识，即不惜一切忠于明朝，恪守民族意识和忠诚于明朝的理念使其可以忽略旧王朝曾有的弊端，将富人和穷人迅速地团结在一起。[2]

对于汉族地区而言，清朝统治者要想说服臣民以确立自身的合法性，首先要面对的就是汉文化传统代表的儒家思想之"华夷之辨"。这在有着两千多年儒家学术传承的士人心中更是一个重中之重的问题，罗志田就曾在《夷夏之辨与道治之分》一文中指出："凡改朝换代之初，不少士人对异族统治是难以接受的，为尊道而尊治之正统，更提高了夷夏之辨在中国士人心目中的地位。"[3]从顺治元年（1644）入关到清末，清统治者与汉族人之间的矛盾一直忽隐忽现，用杜赞奇的话来说，这是一条复线的历史脉络："当中华强大时，汉人表现得宽容和开放；当夷狄不再是中原礼教可以居高临下实施教化的对象，而是汹汹入侵足以灭亡中华文明的严重威胁，汉人就会放弃天下帝国发散型的观念，而代之以界限分明的汉族与国家的观念，夷狄在其中已无任何地位可言，从而萌发出汉人防御性的民族主义。"[4]而怎样化解这一几乎是根深蒂固的问题就成为清前期历代统治者控制汉族地区的最重要策略。

正如同孔飞力指出的："（汉族）谋叛者对于清王朝提出的挑战往往会突出

---

[1] 论见本人论文：《"忠臣"与"烈士"：清王朝的治国方略与汉族认同》。
[2] （美）史景迁：《追寻现代中国：1600—1912 年的中国历史》，上海远东出版社，2004 年，第49 页。
[3] 罗志田：《夷夏之辨与道治之分》，载《学人》第 11 辑，江苏文艺出版社，1997 年。
[4] （美）杜赞奇：《从民族国家拯救历史：民族主义话语于中国现代史研究》，前引书，第 47 页。

种族问题，强调因为满人是外来人，他们的统治也就是不合法的。"①清朝开国时期，除了在军事战场上与明朝进行军事较量之外，同时也在思想文化战线上直面了关于"夷狄"统治中国合法性的挑战。等到清军凭借武力消灭南明桂王势力、平定三藩之乱，稳固了在汉族地区的统治，清朝皇帝面临的最严峻的挑战便是如何在思想上战胜汉族中心主义的"华夷之辨"命题，去论证"夷狄"统治中国——清朝继承王朝正统——的合法性。

在进入北京初期，清廷采取了温情笼络士大夫的政策，如广招前明官员，恢复国家行政秩序；开科取士，招徕士绅知识阶层；归还被农民军夺去的土地，树立公正廉明的形象；为明崇祯帝灵哭三日，保护明帝诸陵春秋致祭；对归顺的明宗室，不夺爵位仍予禄养等。诸如此类的措施有利于稳定人心，获得汉人尤其是知识分子、权力阶层对清政权的拥护。

但是，好景不长，摄政的多尔衮对汉人重新实施了高压政策。三次强行圈占土地，强逼汉民投充为奴，制定禁止其逃跑的"逃人法"，极大地损害了汉人的利益，极大地激化了族群矛盾。更严重的是，在征服南方的过程中，制造了许多血腥屠杀，并且不顾实际情况，强行在全国范围推行剃发易服的高压政策，由此又制造了"嘉定三屠"等一系列野蛮屠杀。这些被汉人视为野蛮低劣的蛮夷举措严重伤害了广大汉族人的集体尊严和根本利益，激起了汉人强烈的族群救亡意识。于是，清统治者与汉人之间的族群矛盾成为其时最主要的社会矛盾，汉族官绅百姓团结一致，反清的意识达到高潮——江南官绅率领人民抵制清军，南明唐王政权与李自成余部结合共同反清……虽然这些抵抗先后为清政府所镇压，但是南方汉人族群各个阶层、团体与清政权以及满人族群之间的冲突已呈白热状态。如同梁启超所说："这地方是人文渊薮，舆论发纵指示所在，反满洲的精神到处横溢。"

也正由于江南士人在南明抗清斗争中极其重要的表率作用，当清廷控制江南后，这个群体也一直深为清帝及其心腹忌惮。顺治十四年（1657），清廷借科场案威吓士林，对江南地区的打击尤其严重。其时江南与顺天俱有国子监，科考时称南闱、北闱，为全国士子荟萃之地，科场大狱即以此两省为最惨，而江南尤惨于顺天。孟森先生指出："北闱仅戮两房考，且法官拟重，而特旨改轻以示恩。至南闱则特旨改重。"又记《研堂见闻杂记》云："是役也，师生牵连就逮，或就立械，或于数千里外银铛提锁，家业化为灰尘，妻子流离……血肉狼

---

① （美）孔飞力：《叫魂：1768 年中国妖术大恐慌》，前引书，第 97 页。

藉，长流万里。"①清廷对南闱涉案人员之处分远较北闱为重，欲借此以威劫江南人士的用意非常明显。

顺治十八年（1661）的"江南奏销案"更是对江南士林毁灭性的打击。顺治十六年（1659），朱国治就任江宁巡抚，一到任即雷厉风行清查赋粮。次年，嘉定有生员乡绅数十名因欠粮被官府缉拿。顺治十八年，朱国治造抗粮册，内列苏、松、常、镇四府并溧阳一县未完赋税的文武绅衿 13 500 多名，朝廷下令：不问大僚，不分多寡，在籍绅衿，按名黜革。于是，四府一县乡绅 2 171 名，生员 11 346 名，俱在褫革之列。其实，清初奏销案并不限于江南，各省皆有，但江南奏销案实是其中最严厉的一件。一般把奏销案归诸清政府的财政和军饷需要，而地方绅士却大量拖欠钱粮，但其在江南全部欠粮中所占比例并不大，在全国所占比例更小。以当时全国税收最多，缙绅欠粮最出名的松江府为例，缙绅生员所欠不过民众的十分之一，江南的苏州、松江、常州、镇江四府与江宁之溧阳一县，总不过欠粮 5 万余两，不过江南田赋总额的百分之一。②显然奏销案并非主要是出于财政上的原因，惩办逋欠钱粮不过是清政府打击江南士人的一个借口而已。是役之后，士风为之一变，"迩来士大夫日贱"，后学士子因之丧气折锐，士人再不敢议论时事，"凡学术之触时讳。不敢相讲习"。③

康熙初年，鳌拜执政，继续执行多尔衮—顺治时期的政策，兴起数次文字狱，江南士人又遭摧残。如康熙二年（1663）湖州庄氏史案，株连甚广，杀戮众多，一时名士纷纷遭难，名士伏法 222 人，凡死七十二。继起的一代文士，在血的教训面前，变得谨小慎微，"不敢治吏，尤不敢言近代事"。④江南文风一度中衰。

然而，这种高压政策使得汉人士大夫集团的不满情绪再次被点燃，康熙亲政时期的政策转变就是因为看到了隐忧的存在，意识到如若不转变态度，必将酿成大祸。康熙八年（1669），康熙帝便已勒令圈占旗地永行禁止。到三藩之乱起，即使以吴三桂这等出尔反尔之人打出"反清复明"旗帜时，几乎仍有半壁江山起而响应。这样的局势更加迫使清帝及其管理高层改变治汉政策，转而谋求缓和满汉之间的紧张关系，消除满汉畛域，抚恤汉族官绅的积怨，争取这个基层实权群体的支持。其措施有：康熙十六年（1679）冬十月癸亥，康熙帝设立南书房，招揽提拔品识兼优的汉官参议朝政；大开绿灯，以博学鸿儒恩科征

---

① 孟森：《心史丛刊》，前引书，第 52 页。
② 参见孟森：《心史丛刊》，岳麓书社，1986 年，第 1-17 页。
③ 梁启超：《梁启超论清学史二种》，复旦大学出版社，1985 年，第 17 页。
④ 梁启超：《梁启超论清学史二种》，前引书，第 110 页。

召精英士人；以撰修明史为由，笼络大批遗民隐士；招抚反清的官绅，示以宽仁之举等。康熙帝笼络汉族官绅阶层的政策收到了实效：作为税收重镇和人文渊薮的江南地区在三藩之乱中安然不动；而且占据江南人文崇高地位的遗民"自此不世袭"；到康熙二十二年（1683）更顺利收复郑氏打着明旗号所盘踞的台湾，清政权在全中国的统治终于得到最广泛的认同。

然而华夷问题也并非就此消失，甚而还以更猛烈的方式再次爆发。

雍正六年秋（1728），湖南文人曾静，派遣其学生张熙前往西安，向时任陕西总督岳钟琪投书，鼓动其反清。其选择策反岳钟琪的原因是：认为岳钟琪乃抗金英雄岳飞的后裔，而清是金的后裔，故而岳应继承先祖遗志，用手握重兵之机，举事谋反，为列祖列宗报仇，替大汉民族雪耻。这封策反信，署名"南海无主游民夏靓、张倬"。所谓"无主游民"，意即不承认清王朝的统治。据此后的审讯口供和《清文字狱档》记载，原信的首要内容为：雍正帝是满洲女真人，即为夷狄，"夷狄即是禽兽"，满人入主中原是夷狄盗窃王位，因此其统治来历不正，已经招致恶果——"八十余年天运衰歇，地震天怒，鬼哭神号"。①

岳钟琪读完谋反书信，感到惊骇恐惧，因为他才平息了疯子卢宗汉持同样理由的谋反事件。于是，他立即如实向雍正帝密奏，而后，刑部侍郎杭奕禄、正白旗副都统觉罗海兰奉旨至湖南，会同巡抚王国栋一起逮捕审讯了始作俑者曾静，从而使这一事件成为雍正朝最大文字狱的导火线：

> 据曾静供称生长山僻，素无师友，因应试州城，得见吕留良评选时文内，有妄论夷夏之防，及井田封建等语，遂被蛊惑，随遣张熙至浙江吕留良家访求书籍。吕留良子吕毅中授以伊父所著诗文，内皆愤懑激烈之词。益加倾信，又往访吕留良之徒严鸿逵。与鸿逵之徒沈在宽等，往来投契，因致沈溺其说，妄生异心等语。②

于是，曾静谋反案与吕留良文字案联结起来。彼时，吕留良已于康熙二十二年（1683）病死。而雍正帝立即命浙江总督李卫，搜查吕留良、严鸿逵、沈在宽家藏书籍，将所获日记等材料，与人一起逮捕回京。

这桩清朝最大的文字狱案，由雍正帝亲自审讯，从雍正六年（1728）开始立案追查，耗时四年方才结案，牵连几十人，连家属在内多至上百人，株连其

---

① 论述详见本人论文：《王朝效忠与民族认同——从〈桃花扇〉与〈大义觉迷录〉论明清之际的"国家"与"民族"》，《民族文学研究》2007年第1期。

② 见（清）《康雍乾年间文字之狱》（不见著撰人）。

广。这期间，雍正曾令朝廷官员以及地方各省总督、巡抚、道府守令、各地学官依次议论曾静应得之罪。官员们纷纷表态，认为曾静罪大恶极，法不可赦。雍正又让曾静自己议罪。曾静却表现出了软弱的一面，不仅谴责自己所进行的反清活动，还转而多方吹捧雍正和清朝的政治。

而最后的处置，一反常态。雍正下令免罪释放曾静、张熙等谋反犯，让他们戴罪立功，到各地宣讲、现身说法，清除流毒；与此同时，早已去世的吕留良被定性为政治思想罪犯，予以锉尸枭首，其长子吕葆中、学生严鸿逵也被开棺戮尸，枭首示众。曾静供称轻信吕留良邪说，被其蛊惑，兼闻道路浮言，愈生疑闷，致犯弥天重罪。^①故此，雍正一反帝王治术的常规，决定利用曾静案，与"华夷之辨"这个已困扰清王朝统治者多年的命题展开一次公开的正面交锋。其对吕留良的反清思想和曾静的劝反信，逐章逐句进行口诛笔伐，正面迎击反清排满思想。雍正帝将这桩最大文字狱案中所涉及的全部谕旨、审讯和口供秘密记录等文件，以及曾静的认罪书《归仁说》，编撰刊刻，结集出版，定书名为《大义觉迷录》，发行全国。要求传播做到家喻户晓，直至"远乡僻壤，让读书士子及乡曲小民共知……要使远近寡识之士子不至溺于邪说"^②。还特别强调要"每学宫各贮一册"，永久存档，传至后世也要人人皆知——"倘有未见此书，未闻朕旨者，经朕随时查出，定将该省学政及该县教官从重治罪"^③。

身为王朝最高统治者，雍正皇帝处理此案的措施具有重大意义。他与曾静等人之间所展开的，是一场文化和认同的争夺战。其争夺的核心证据是儒家思想和孔庙。

吕留良、曾静等人立论的立足点是儒家"华夷之辨"的思想。孔子言："夷狄之有君，不如诸夏之亡也"（《论语·八佾》）。（偏偏雍正皇帝也引用了这句话，可他的理解与本意完全相反。）孟子又对夷夏各自的文化影响力加以对比阐述："吾闻用夏变夷者，未闻变于夷者也"（《孟子·滕文公上》）。孔孟的认识在《春秋·公羊传》中得到进一步发挥，形成了"内其国而外诸夏，内诸夏而外夷狄"的公式，成为奉儒学为圭臬的汉族统治者们解决民族关系的基本政治原则。

对此，雍正认为：满洲是夷狄无可讳言也不必讳言，但"夷"不过是"方域"即地域的概念，因为中国历代圣王中也不乏夷狄："舜，东夷之人也；文王，

① 曾静供词见雍正皇帝编纂：《大义觉迷录》，张万钧、薛予生编译，中国城市出版社，1999 年，第 323 页-336 页。
② 雍正皇帝编纂：《大义觉迷录》，前引书，第 14 页。
③ 雍正皇帝编纂：《大义觉迷录》，前引书，第 14 页。

西夷之人也，曾何损于圣德乎？……本朝之为满洲，犹中国之有籍贯。……满汉名色，犹直省之各有籍贯，非中外之分别。"①更何况，"《诗》言：戎狄是庸，荆舒是惩，是惩者以其僭王猾夏、不知君臣之大义，故声其罪而惩艾之，非以其为戎狄而外之也"②。由此，清帝们虽然不具备先天的血统优势，但与那些曾为夷狄的前代圣王一样"修德行仁"："我朝肇基东海之滨，统一诸国，君临天下，所承之统，尧舜以来中外一家之统也；所用之人，大小文武，中外一家之人也；所行之政，礼乐征伐，中外一家之政也。"③正因如此，清帝才能"庸受天命"成为中国共主。这实则是用华夷观的文化论，取代了血统论，理直气壮地迎击反对者。

同时，雍正也采用了儒家思想中相当重要的"君臣伦理"予以回击。他甚至曲解孔子之言，将君臣大义凌驾于华夷之辨上：

> 盖从来华夷之说，乃在晋宋六朝偏安之时，彼此地丑德齐，莫能相尚，是以北人说南为岛夷，南人指北为索虏，在当日之人，不务修德行仁，而徒事口舌相讥，已为至卑至陋之见。今逆贼等于天下一统，华夷一家之时，而妄判中外，谬生忿戾，岂非逆天悖理，无父无君，蜂蚁不若之异类乎？④

> 我朝奉天承运，大一统太平盛世，而君上尚可谤议乎？且圣人之在诸夏，犹谓夷狄为有君，况为我朝之人，亲被教泽，食德服畴，而可为无父无君之论乎？⑤

华夷一家，并且都统一于一个政府治理下，既然有了君臣秩序，臣子就应该遵守儒家规定的"君臣父子"的伦理，而不应该不守臣子本分，逾越等级，妄谈"华夷"。

对于怎样跨越族群效忠而达到王朝效忠，对于族群和国家的认识，雍正与其祖父辈一脉相承，意识到族群政权和国家政权的不重合会带来严重的政治灾难。作为一个人口数量远远小于汉族的少数民族统治者，要避免这种灾难，就要淡化族群意识，弱化其认同感，强调王朝效忠，强化国家一体意识。于是争

---

① 雍正皇帝编纂：《大义觉迷录》，前引书，第2页，亦见《清世宗实录》，前引书卷一百三十，雍正十一年四月己卯。

② 雍正皇帝编纂：《大义觉迷录》，前引书，第2页，亦见《清世宗实录》，前引书卷一百三十，雍正十一年四月己卯。

③《清实录·世宗宪皇帝实录》卷130，中华书局，1985年，雍正十一年四月己卯。

④ 雍正皇帝编纂：《大义觉迷录》，前引书，第3页。

⑤ 雍正皇帝编纂：《大义觉迷录》，前引书，第9页。

夺话语权，去表述孔庙等具有强烈象征意义的文化符号，也就成了这场争夺战的核心。

作为孔氏家族家庙的孔庙，其文化意义早已超出了家族范围。历代王朝的加封和优待，民间士人的崇拜已经让这座家庙与"正统"和"天命"紧密联系在一起，成为一个从官方到民间都承认的族群认同的符号。作为外来的"夷"族，清王朝的统治者在"尊孔"上更是做足了文章。①

曾静曾将雍正二年（1724）孔庙被烧毁视为清朝失德，行将败落的征兆；而后来新修孔庙出现了祥瑞之兆，给当时正在审理曾静案的雍正皇帝十分的信心，并以此质问已经认罪的曾静，曾静的回答也令雍正皇帝倍加欣慰，称：

> 惟我朝圣祖皇帝得尧舜、孔子之心传，是以六十余年，深仁厚泽，遍及薄海内外，已媲美于虞、夏、商、周。我皇上以天亶之聪，生安之资，加以初潜四十余年，研深味道之功，其于尧、舜、孔子之道，合圣祖家学精蕴而久已集其大成。不惟与尧、舜、孔子之心传无二，抑且于圣祖一切政治而更有光矣。此所以天人感应，随时随地莫不信而有征。……孔子之心即天心。今圣心与孔子之心为一，即是与天心为一。而祥瑞见于曲阜，适在兴修圣庙之会者，乃上天所以嘉予圣心与孔子之心为一处，比泛见于云、贵、山西等省，其庆幸为更大，其盛德之合于孔子，而感孚上天者为更极其至。②

这给被华夷之辨深深困扰的雍正带来了极大的安慰，也对《大义觉迷录》的颁行起到了重要作用。史景迁就认为：

> 1 月 31 日有关孔庙祥瑞的谕旨，加上曾静回禀的天心、圣心、孔夫子之心合而为一的绝妙问答，便顺理成章地成为雍正决心编撰的有关曾静案这一著作的最后部分。③

华夷之辨，被历代儒家添枝加叶，早已是华夏认同的重要组成部分，而今夷族的皇帝之"圣心与孔子之心为一"，就意味着夷王身份的正统化，这当然令雍正十分欣慰，于是当即嘉奖禀报祥瑞的官员，擢升其为山东巡抚。更巧的是，

---

① 论述详见本人论文：《王朝效忠与民族认同——从〈桃花扇〉与〈大义觉迷录〉论明清之际的"国家"与"民族"》。

② 雍正皇帝编纂：《大义觉迷录》，前引书，第 218 页

③（美）史景迁：《皇帝与秀才：皇权游戏中的文人悲剧》，邱辛晔译，上海远东出版社，2005 年，第 174 页。

这位新任巡抚，正是曾静投书的那位"岳飞后人"岳钟琪的大儿子。

至此，这场辩论终于以清朝统治集团的强势出击而告终，然而历史依然开了雍正一个最大的玩笑。雍正帝驾崩，太子弘历即位，为乾隆帝。雍正十三年（1735）十二月八日，乾隆当上皇帝仅四十三天，就违背乃父"朕之子孙，将来亦不得以其诋毁朕躬，而追究诛戮"的遗命，降旨："曾静大逆不道，虽处之极典，不足蔽其辜。"他认为曾静、张熙所犯罪行，在雍正时得到宽容赦免，那是皇考的大度和额外恩典。作为儿子，自己应该保护皇考的形象和尊严，就要按照处置吕留良案的先例处置曾静，遂于同年十二月十九日，下令将"曾静、张熙著照法司所拟，凌迟处死"[1]。接着将雍正帝苦心编撰的《大义觉迷录》宣布为禁书，停止刊刻，并在全国范围内统统收缴销毁。从此《大义觉迷录》湮没二百多年不见天日。

乾隆的举措之所以与雍正的处置大相径庭，是深思熟虑的结果。他曾目睹了这个事件的前因后果，意识到父亲对于曾静案和吕留良案的公开审讯与批判，无异于是把自己推上了审判台——《大义觉迷录》一书详细地记录了雍正对于"华夷之别"的诠释，甚至因辩解所谓的十大罪状还泄露了皇宫中的秘闻丑事，将其颁行天下，任人评价，实则是损害皇室形象，可能更激起汉人对皇室的鄙夷，乃至再兴反清排满的情绪。很明显，这场保留了太多顽固民族主义者的"反满"思想的朝野华夷大辩论，与乾隆帝的淡化民族问题强化国家形象的民族政策相违背。因此必须彻底剪除禁锢异端思想的蔓延，肃清其流毒。

小　结

至此，我们清楚地看到每一位清朝帝王在处理国家事务时，也时时刻刻面临着族群与国家的双重考验，他们也在每个阶段通过各种表述，建造着自己的认同。在入关之前，满洲是家也是国；准备进军中原的时候，满洲是家，中国是未来的国；获得中原腹地的控制权之后，又将是怎样的情形？家与国，二者之间有怎样潜在的矛盾？在清帝的表述中，哪一重身份分量更重？两者之间有否和谐共存的可能？

---

[1] 林铁钧、史松主编：《清史编年》第四卷，中国人民大学出版社，2000年，第689页。

第二章

清代帝王的『家』与『国』

学者们热衷于追寻清代帝王究竟是真的心迷于儒家之道，还是仅仅出于政治功利的目的对之顶礼膜拜，孔飞力在《叫魂》中就曾提出疑惑：

> 仍然存在的一个令人难以解释的问题是，弘历对于汉文化的"真实"看法究竟是什么？他是一个热衷于中国艺术的鉴赏家，是汉文诗词的多产作家（不管这些诗词是他本人的作品或是他人的代笔），是浙江式亭台楼阁的模仿修建者，也是博大精深的中国学术的庇护人。……也许，可以简单地将这一切归咎于他的虚伪。但我认为，真正的答案并不在此。[1]

在一统天下的蓝图中，清代帝王的政治任务是建立一个多族群的国家，与此同时，清王室又担当着满族文化的传承任务。对此，孔飞力的思考和结论显得非常中肯。他认为：

> 清朝廷必须两者兼备——既必须从普世主义的角度又必须从种族的角度来表现自己高人一等的优越性。……他们既需要以具有合法性的皇族身份来统治这个大帝国，同时也需要维护征服者精英层本身的凝聚力与活力。作为大一统帝国的统治者，他们权力的基础并不在于自己的种族特性，而在于德行与文化上为人普遍接受的规范。但是，要作为一个握有权力的少数种族而生存下去，他们自己的种族特性不仅需要得到保护，还需要受到颂扬。……清朝廷因而需要两个展现言辞的舞台，一个用于表现政权的普遍性，另一个则用于捍卫政权的种族特性。[2]

具体而言，深入中华腹地的清帝王亟待解决的两个问题就是：既要建立满人的族群凝聚力，又要尽量消弭汉人对异族统治的反感，这实际要求清帝对何为家、何为国做出阐释，对于家与国之间的分量孰轻孰重，必须把握尺度。而历代清帝在此问题上，有得有失，总的来说，既有原则底线，又能审时度势。

第一节　历史记忆与祖先叙事

后金天命元年（1616 年，明万历四十四年），以十三副铠甲起家的努尔哈赤

---

[1] （美）孔飞力：《叫魂：1768 年中国妖术大恐慌》，陈兼等译，上海三联书店，1999 年，第 97 页。

[2] （美）孔飞力：《叫魂：1768 年中国妖术大恐慌》，前引书，第 97 页。

正式称可汗，建立后金国，其后，天命三年（1618年，明万历四十六年）四月十三日，努尔哈赤公开宣布明朝与自己之间存有"七大恨"，起兵反明。《明实录·神宗实录》《满洲实录》《清实录·太祖高皇帝实录》等书对此记载虽各有差异，但记录"七大恨"大概内容均为：杀父祖、助政敌、助敌部娶定亲违约之女、占领地、欺辱子民等，学者多以为其内容空洞，其政治意义大于情感。"七大恨"这一表述，是努尔哈赤宣告与明对立的第一步，在确立敌我关系的同时，也划定了"我"的族群范围。

实际上，在此之前，努尔哈赤就开始着手建设八旗制度，到称汗前一年，八旗制度就已经建设完成。这个制度不仅是军事制度，也是行政制度、经济制度。八旗中人，战时作战，平时生产劳动，他们的领袖——大汗和固山额真等各级长官，除了指挥作战之外，也要分配财产、土地、奴仆、牲畜，审理案件，指导宗教信仰……管理日常社会生活的方方面面，成为联结当时长期混战而分裂散乱的女真部族的有力纽带。

而在完成我与"他者"的分离之后，如何构建"我"族，凝聚本族认同，这一任务落到了努尔哈赤的继承人身上。根据天聪九年（1635）五月的《旧满洲档》记载，清太宗皇太极从黑龙江虎尔哈部降人穆克西克那里获得该部祖先传奇故事后，得到启发，移花接木，将其变成满族始祖起源传说。[1]《满洲实录》《满洲源流考》等清代官修史书都记录了这个传说。其称满洲源起于长白山之东北布库哩山下。相传其时当地三姓人争为国主，天汗知其作乱，派天神下界，化为朱果。天降仙女恩古伦、正古伦、佛库伦，浴于布库哩山下布勒瑚里泊中，有天神化身为鹊，衔朱果置于佛库伦衣上，佛库伦食朱果而生一子，姓"天降之爱新觉罗，名布库哩雍顺"，即爱新觉罗的始祖。[2]这段故事本在黑龙江流域的女真人和其他部族中广为流传，皇太极将其钦定为满族始祖传说，也反映了满人与女真人的传统信仰一脉相承。而前文所述的雍正朝所发生的曾静案，曾静也正是基于这种传承，才胆敢致信策反清朝的封疆大吏岳钟琪，只因为他姓岳，乃是"岳飞"后人，本着世仇的情感基础，应当继承先祖遗志，与女真后裔势不两立。

当然，满汉对举，满人的构建与凝聚清晰可辨之后，作为清朝统治下人口最多的"汉族"，似乎也就此从一个原本"不辩自明"的概念变得越发清晰。

据陈述、陈连升、贾敬颜等前辈考证，"汉"确定成为民族名称是从南北朝

---

① 李林：《汉译〈满文旧档〉》，辽宁大学历史系1979年印本，第57页。
② 阿桂等：《满洲源流考》卷一《满洲》，孙文良、陆玉华点校，中国国际广播出版社，2016年，第2页；亦见祁美琴：《满文〈满洲实录〉》，中国人民大学出版社，2015年，第5页。

时期开始的，陈连升先生更断言是在"北魏孝文帝改革的时候"。①我们更可以从历史上两次非汉族大一统政权与汉人的对抗（宋元、明清）中去考察汉族意识的成形。在《南宋抗蒙古檄文》中，用于汉族自称时，仍多用"中原""中华""华夏""夏"；但已出现了"侵我汉疆""尊夷攘汉"这样的句子，说明其对自我的定义已经用"汉"，并且指代的并非王朝。其发出号召反抗蒙古时说："蒙古所欲图者，天下也，非国家也，蒙古所欲杀者，万民也，非一姓也。此诚王侯将相、士农工商同仇敌忾，誓死以抗，求存全种之秋也。"天下国家之辨，抗敌保种之说，实则已是民族主义的特征。而其将"夷汉"对举，更令民族族群的文化内涵越发清晰："彼之道，尊夷攘汉，愚黔欺士，舍义求生，非孔孟之所谓道也；彼之法，扶强除弱，劫贫济富，分族论等，非韩商之所谓法也。斯儒，以乱我中华之正统，斯法，为败我华夏之纲常。"在明太祖朱元璋的《奉天讨元北伐檄文》中，延续了这一民族色彩。自称仍然使用"中国""中原""中华""华夏"，但在提出"驱除胡虏，恢复中华"的同意义上又自陈将"拯生民于涂炭，复汉官之威仪"；文末更清晰地列举了不同民族"如蒙古、色目，虽非华夏族类"，胡汉对举，其民族内涵之明显不言而喻。

在此历史前提下，当清朝入关，满洲树立起自己的民族旗号，也就为"汉人"划定了界限。而于汉人自身而言，有了直接的他者作为参照，便自发与满洲对立起来。此后，满汉、蒙汉、回汉等对称，更毋庸赘举。清初王士禛《池北偶谈》卷三"谈故"之三"汉军汉人"条，便称："本朝制，以八旗辽东人号为汉军，以直省人为汉人。"②也就是说，清廷的民族识别认定以原明朝版图行省的居民为"汉人"。

有了可追奉的神圣历史，有了英雄的祖先，有了"我"与"他"的互为参照，族群身份和范围也就不难区分，对于族群内部成员来说，这就是对认同的开启。

然而，对于清帝而言，家的概念并不是一成不变的。满洲的长白山一隅是家，盛京故都是家，北京的紫禁城也是家。长白山是族群发源的旧地，盛京是奠定基业的故都，而北京却是自己和子孙后代想要长久安居的所在。长白山下有仙女食朱果的先祖传说，沈阳旧家有祖陵，盛京故宫旁还有为皇太极登基大典而建的太庙，而紫禁城中坐落着的象征着家国一体的太庙与供奉爱新觉罗家

① 见陈述：《汉儿、汉子说》，《社会科学战线》1986年第1期；陈连升：《中国·华夷·藩汉·中华·中华民族——一个内在联系发展被认识的过程》，贾敬颜：《"汉人"考》，均见费孝通主编《中华民族多元一体格局》，中央民族学院出版社，1989年。
② 汉军是否为汉族，学界一直持有不同意见，王钟翰等先生认为旗人均应算作满洲人，因此汉军亦为满族。也有学者认为八旗是政治团体而不是民族团体，因此，汉军也是汉人。

族亲人魂灵的奉先殿。

太庙，是皇帝的祖庙。其属于皇家所有，祭祀级别是顶级的。盛京太庙，是入关前皇太极所建。清朝兴起之初尚无太庙之制，从赫图阿拉建国到定都沈阳，都是依满洲旧俗，在都城设立"堂子"祭天。直到天聪末年，随着后金国势越发强大，皇权需要得以强化，清太宗皇太极吸纳了诸多汉臣成为幕僚，在很大程度上接受了汉族传统文化的影响，便已有汉臣依据中原王朝典制提出了设立坛庙的建议。在获得元代传国玉玺之后，皇太极觉得登基称帝的条件已基本具备，便于天聪十年（1636）四月十一日，受皇帝尊号，改国号为"清"，改纪元，行皇帝登基盛典，并遣大臣恭捧祝文祭告太祖山陵，宣告肇建太庙。次日，皇太极更亲率诸贝勒大臣到新建的太庙中，为其父努尔哈赤、其母叶赫那拉氏上谥号、庙号，追尊努尔哈赤以上的"四祖"为"王"，并分别奉安神位于太庙殿中，行礼致祭。这一系列的举动，是盛京太庙建成并付诸使用的标志，也是清代太庙制度的正式创立。这些仪式显然也是采纳了汉臣意见，大体遵循了中原王朝的传统礼仪——《清太宗实录》详细记载了皇太极称帝后首次祭祀太庙的礼仪：其先向后殿四祖、次前殿太祖，按辈分依次行礼，且历代太庙祭祀所有的环节：上香、读祝、三献、跪叩、望燎等均一一具备；祭品和祭器亦依汉族古制而设。①

然而，盛京太庙的建制、地位和功能，随着清帝入主中原，迅速被北京太庙所取代。清崇德八年（1643）8 月，皇太极驾崩于盛京，入太庙受祭祀。但顺治元年（1644）顺治帝入京后的第八日便"恭奉太祖武皇帝（努尔哈赤）、孝慈武皇后、大行皇帝（皇太极）神主奉安太庙。遣固山额真宗室拜尹图代祭"，并将配享功臣的牌位也同时迁入北京太庙内。于是，盛京太庙前殿供奉的神位均已移至北京，其所奉祀者便只有后殿的"四祖"了，其名称亦随之变为"四祖庙"。顺治五年（1648）四月京师太庙重修，十一月，又将"四祖"考、妣的神主迎入。由顺治帝亲诣奉安神位并致祭。至此，清帝家族的所有祖先神牌都已归入北京太庙，盛京的四祖庙也就随之"神去庙空"，失去了被继续祭祀的价值。直至乾隆年间，将之移建于沈阳故宫的大清门东，又以太庙名义收藏陪都所贮的帝后玉册、玉宝。

而祖先的到来，使得北京成为清帝家族真正的根基。在这里，祭祀祖先的地方，不仅有家国同构的庄严太庙，还有帝王家族私人祭祀的奉先殿。规则森

---

① 关于本章盛京太庙的兴衰经过的考据，均参见佟悦：《清盛京太庙考述》，《故宫博物院刊》1987 年第 3 期。

严的太庙，是作为皇帝祖先享祭的所在；清承明制，完整地继承了明朝的典仪。而对已故亲人的追忆和怀念之情，没有等级与族别的限制。乾隆帝说："惟念礼经所载庙制綦崇，天子享祀告虔，惟于祖庙。升禋展孝，至汉代始别立原庙。后世踵行故事，增置滋多，其制原非近古。我朝开国承家，于太庙岁时禘祫，对越骏奔，典制最为隆备；又仿原庙及前明之制，在奉先殿以时行礼。"①即在皇宫禁内设置内庙，方便帝王们在此为先祖行家人礼，寄托追思。于是，无论是作为帝王的祖先，还是单纯的爱新觉罗氏的祖先，清帝的家族先灵，都在北京这个中国的中心安顿下来。这里，真正成为满人族群首领的新家园。

第二节　重构母语

对于一个族群而言，母语的凝聚力是最强有力的，其作为族群外显的特征，也无疑是最直观的。清帝推行的母语政策有两个方面：一是创造文字——满文，二是强调满语地位，从书面表达与口语表达两方面齐头并进，加强母语的族群特性。

在书面表达问题上，努尔哈赤在建号称汗之前，就意识到了身为女真后裔，面临母语失传的尴尬境地。明神宗万历二十七年（1599）二月，因自觉满洲未有文字，只能借助蒙古语文字往来，既不方便，又失自尊，努尔哈赤令巴克什额尔德尼、噶盖扎尔固齐二人用蒙古字母来拼写当时的建州女真口语，创制了一种新的文字，史称"无圈点满文"或"老满文"。初时，二人推说自己不能完成这个难题，努尔哈赤则说："汉人念汉字，学与不学者皆知，蒙古人念蒙古字，学与不学者亦皆知，我国之言写蒙古之字，则不习蒙古语者不能知矣。何汝等以本国言语编字为难，以习他国之言为易耶？"②从此言可知，努尔哈赤有着强烈的"本国"自尊，也认识到了创立"本国"文字的迫切性。老满文在使用过程中暴露出很多不足，于是皇太极又命巴克什达海对"老满文"进行改良和规范，称为"新满文"。其后，又经过崇德、顺治、康熙三朝满语学者、翻译们的不断规范，满语的标准语和文学语言已臻完善。

同时，满文更成为科举科目之一。顺治八年（1651）举行八旗乡试，规定不会汉文者可用满文参加考试，康雍时期也多次举行满文翻译考试，从中选拔

① 关于太庙祭祀及奉先殿内庙祭祀的差异，详见王柏中：《清皇家内庙祭祖问题探析》，《广西民族大学学报》（哲学社会科学版）2007 年第 6 期。
② 祁美琴等编译：《满文〈满洲实录〉译编》，中国人民大学出版社，2015 年，第 95 页。

笔帖式。满语还被用作考察官员升迁的标准，不合格者甚而还要遭受惩罚。雍正八年（1730），雍正就要求八旗汉军"如不能以清语奏对履历，凡遇恩升转俱扣名不用"①。

而自从满文创立之后，就被用以记载政事、编译史书、书写公文、传播知识。如万历三十年（1607），额尔德尼等人就开始用满文记注努尔哈赤的政事，从万历三十年（1607）到后金天聪十年（1636），先后以老满文与新满文记录档案共四十本三千多页，举凡政军经济大事、社会文化实情、八旗牛录渊源、赏给世职缘由等，均有记述，也就是后世《旧满洲档》或《满文老档》之由来。

此外，满洲统治者们还下令用满文大量翻译汉语典籍，汲取了汉人治国理念与经验。如达海曾主持翻译《万宝全书》《三略》《刑部会典》《素书》《国语》，以及未完译稿《通鉴》《六经》《孟子》《三国演义》等书，仅据北京图书馆和中国第一历史档案馆所编《北京地区满文图书资料联合目录》所载，今存满文编译的图书共 820 余部，内容包括哲学、史学、文学、艺术、军事、法律、宗教以及数理、医药、天文、地理、农田水利、教材工具书等。

在进一步规范、强化满文的同时，满语的标准化口语建设也得到了重视。康熙、雍正、乾隆时期，出现了大批满语语音、语法、读本等方面的教材辞书。其中，官方编写的有康熙年间的《大清全书》《御制清文鉴》（逐渐发展成《御制五体清文鉴》），雍正年间的《清文虚字讲约》《清文启蒙》《清文汇书》等。乾隆时期更对满语文实施了大规模的规范措施，逐渐形成"钦定新清语"，也编订了大量的辞书教材，"如《新旧清语汇书》《御制增订清文鉴》《满蒙文鉴》《御制满洲蒙古汉字三合切音清文鉴》《御制四体清文鉴》《五体字书》《清文备考》《大清全书》《清文启蒙》《同文广汇全书》《满汉类书全集》《三合便览》《字法举一歌》《清文接字》《清文汇书》《清文总汇》等"②。确立了书面标准语和口头标准语，满语、满文也就可以沿着标准化的轨道传承和发展，族群内的认同感与自信心也就得以显性的形式大大提升。

一手打造了满语文体系的清帝们，无数次表达了对满语文教育的格外重视。后金天命六年（1621）七月，努尔哈赤就命八旗各设巴克什推广满文教育，任命准托依、博布黑、萨哈廉、乌巴泰、雅星阿、科贝、札海、浑岱八人为八旗师傅，并要求其专心教学满文，无须涉及他事。③为了巩固和壮大满族统治政权，

① 奕赓：《括谈》，燕京大学图书馆铅印本，1935 年，第 8 页。
② 李英姿、刘子琦：《谈清朝的满语推广政策》，《满族研究》2014 年第 1 期。
③ 陈捷先：《努尔哈赤事典》，紫禁城出版社，2010 年，第 130 页。

使满族旗人官兵成为清朝的军事支柱，"国语骑射"被清帝们视为满族的根本。为了避免被汉族融合同化，皇太极告诫臣工："昔金熙宗循汉俗，服汉衣冠，尽忘本国言语，太祖太宗之业逐衰……诸王贝勒务转相告诫，使后世无变祖宗之制。"①满族入关后，满人政治高层更非常重视满语文教育，先后在各地设立官学、义学教习满语文。顺治元年（1644）在北京设立八旗官学，以"清文、骑射"为主要教学内容。顺治九年（1652）十二月设立宗学，"每固山设满洲官教习满书"。②乾隆时皇子们则每日都"有满洲师傅教国书、习国语及骑射等事"。③为了进一步巩固满语文的地位，要求八旗子弟保持本民族习俗，防范全盘汉化，雍正、乾隆都曾多次下达谕旨强调"骑射国语，乃满洲之根本，旗人之要务"④。

总之，历代清帝一再强调作为满洲之根本的"国语骑射"不可偏废，下了极大功夫推广满语文。虽然清人入关后，面对汉语文的强大能量，满语文逐渐衰弱式微，但不可否认的是，对满语文的建设与强调，极大提高了满洲文化水平，提升并强化了满洲皇权与帝国规模，更重要的是，使满洲的形成基础更为坚实。

但是，尽管帝王们对母语之重要耳提面命，随着入关后满汉之间无处不在的日常交流，汉文化在清朝政治生活和社会生活中的地位日益提高，相应地，满文、满语的实际地位却在逐渐下降。到清代中叶时，已有不少满人官员草拟奏折时已不会使用满文，这令乾隆非常警惕，采取多种措施，软硬兼施地对满语文进行考核，以此强化满人自身认同。但满语文衰败的根本趋势已无法扭转，连记录帝王言行的史书《清实录》也无法例外。其最初是要求先撰写满文本，再译成汉文本，再由汉文本转译成蒙文本。但从康熙朝开始，所需记录越发庞杂，史料大都来自汉语文档、书籍；所以，从雍正朝修《清圣祖实录》开始，满汉文本之间的修纂顺序不得不颠倒过来，变为先修汉文本，再分别译成满文本和蒙文本。

母语的颓势已不可逆转，当然，如果族群特性已然被国家一体的意识凌驾，这也并非不能接受的现实了。进入晚清后，汉语文取代满语文的趋势又更进一步加剧。以致 1875 年，光绪在谈到中国和秘鲁换约等事宜时竟明确谕称："惟换约事宜，中国总以汉文为凭。"⑤"国语骑射"曾经是清朝皇帝所自豪的满人

① 赵尔巽：《清史稿·太宗本纪》，中华书局，1977 年，第 603 页。
②《清实录·世祖章皇帝实录》，中华书局，1985 年，第 54 页。
③ 赵翼：《曝杂记》卷一，中华书局，1982 年，第 8 页。
④（清）刘锦藻：《清朝文献通考》卷 192，兵十四，浙江古籍出版社，2000 年，第 6559 页。
⑤《清实录·德宗景皇帝实录》卷 13，光绪元年七月上。

特性，此"国语"自然是指满语文，而到了清末，清廷通过《统一国语办法法案》的时候，此"国语"却已被明确地确认为汉语文了。

第三节　身体表述①

"种族特性"在身体上表现得最淋漓尽致。

从皇太极开始，便强调维护包括满洲语言文字、衣冠制度、尚武精神等内容的满洲文化传统，尤其三令五申，强调任何情况下皆不得变更衣冠定制。其曰："本国衣冠、言语不可轻变也，……凡出师、田猎许服便服，其余俱令遵照国初之制，仍服朝服。且谆谆训谕者，非为目前起见也。及朕之身，岂有习于汉俗之理？正欲尔等之识之于心，转告相诫，使后世子孙遵守，勿变弃祖宗之制。"②他向后代子孙明确规定：除了在征战、狩猎中可着便服外，其余场合必须严格穿着满洲朝服。此外还一再告诫子孙若有违背必受惩罚，如崇德三年（1638）明令："凡有不遵定制变乱法纪者，王、贝勒、贝子议罚，官系三日，民枷责乃释之。出入坐起违式，及官阶名号已定而仍称旧名者，戒伤之。有效他国衣冠、束发、裹足者，治重罪。"③

不仅对于满人族群内部严格要求，清朝历代帝王在要求全体国民统一衣冠发式的问题上更表现得相当执着。在他们看来，这是上下一体的表现，也是臣民归顺效忠的标志，但在占据了人口优势的汉人看来，却是一种极大的文化侮辱。

一、汉族地区的发式问题

后金天命六年（1621）三月，努尔哈赤率兵攻克沈阳、辽阳后，曾致书朝鲜国王称："今辽东地方之汉人，剃发归降者，未行诛戮，悉加豢养。各官吏剃发者，仍复原职。"④五月，派将官乌尔古贷等镇压辽宁镇江城不剃发的汉人，"拒降者杀之，俘其妻孥千人"。⑤剃发的命令极大损害了汉人的自尊，违反汉人的文化传统，各地反抗者众多，有的武装反抗，有的趁隙偷袭，更有甚者暗中于满人聚居地投毒。同年，努尔哈赤巡视辽东鞍山、海州等地，传谕地方守军长官严讯投毒入井的汉人。即便矛盾已经发展至此，努尔哈赤也并没有任何妥协

① 本节论述，详见本人论文：《"忠臣"与"烈士"：清王朝的治国方略与汉族认同》。
②《清实录·太宗文皇实录》卷34，第26-27页，天聪二年四月丁卯条。
③《清实录·太宗文皇帝实录》卷32，第8-9页，崇德元年十一月癸丑条。
④ 陈捷先：《努尔哈赤事典》，紫禁城出版社，2010年，第125页。
⑤ 陈捷先：《努尔哈赤事典》，紫禁城出版社，2010年，第128页。

的意思，只是强调要众人饮食谨慎，因"汉人必欲投毒害尔等"①。直到攻陷广宁地区之后，武装起事此起彼伏，剃发政策才略有松动，谕旨新降地区汉人"老人可不剃发，少年皆令剃发"②。

顺治元年（1644）五月初三，初入中原的多尔衮就发布了"剃发令"，谕令兵部："今本朝定鼎燕京，天下罹难军民，皆吾赤子。……各处城堡，着遣人持檄招抚，檄文到日，剃发归顺者，地方官各升一级。""凡投诚官吏军民皆着剃发，衣冠悉遵本朝制度。"③但是，出于安定民心的政治需要，剃发不剃发一事一度多有反复，甚至宽容到有剃武不剃文、剃兵不剃民之说。但顺治二年（1645）五月，多尔衮的态度却发生了彻底的变化。其称汉臣奏章"屡以剃头一事引礼乐制度为言，甚属不伦。本朝何尝无礼乐制度，今不遵本朝制度，必欲从明朝制度，是诚何心！"④这一表述，明确将剃发与礼乐制度联系在一起，强令官民尽皆剃头。征服江南后，便令各处文武军民尽皆剃发，"倘有不从，以军法从事"。十天之后再谕礼部将剃发令传谕各地，令"文武衙门官吏师生，一应军民人等"限时剃发，"遵依者，为我之民；迟疑者，同逆命之寇，必置重罪"；并且，官员中如有"复为此事渎进章奏，欲将朕已定地方人民仍存明制，不随本朝制度者，杀无赦。其衣帽装束，许从容更易，悉从本朝制度，不得违异"⑤。

发型、装束，反映各民族、各地区的不同习俗，本应各从其便，强迫统一作为政治顺逆的标志，本身就是一种极端专制政策，如此一来，族群征服、政权交替的象征便成为文化征服的标志，必然令汉人不能接受。何况，南方各省大都尚未归服，少数刚刚归服地区人心也不稳定。因而，剃发令在南方引起的震动和反抗比北方更激烈，江南各地，借口反抗剃发纷纷抗清，相继拥立鲁王、唐王、桂王等故明藩王，建立多个以明为号的政权，并与农民军余部联合抗清。虽然交战双方仍然以"明""清"国号为战斗旗号，这场斗争却因族群外观之争而已成为满汉族群冲突。

更有代表性的事件是孔家剃发。顺治二年（1645）十月三十日，原任陕西河西道孔闻谭奏言：

> 臣家宗子衍圣公孔允植，已率四世子孙告之祖庙，俱遵令剃发讫。但念先圣为典礼之宗，颜、曾、孟三大贤，并起而羽翼之，其定礼之

① 陈捷先：《努尔哈赤事典》，紫禁城出版社，2010年，第129页。
② 陈捷先：《努尔哈赤事典》，紫禁城出版社，2010年，第138页。
③《清实录·世祖章皇帝实录》卷5，中华书局，1986年，第57页。
④《多尔衮摄政日记·五笔编记》，广文书局，1976年，第1页。
⑤《清实录·世祖章皇帝实录》卷17，前引书，第151页。

大者，莫要于冠服，先圣之章甫缝掖，子孙世世守之，是以自汉迄明，制度虽各有损益，独臣家服制，三千年未改。今一旦变更，恐于崇儒重道之典未有尽也。应否蓄发，以复先世衣冠？①

然而，一直标榜尊孔崇儒的清廷这次对孔府却不再宽容，道是："剃发严旨，违者无赦。孔闻謤疏求蓄发，已犯不赦之条，姑念圣裔免死，况孔子生之时者，似此违制，有玷伊祖时中之道，著革职，永不叙用。"②

孔府乃是儒家文化的精神圣地，也是数千年来华夏礼仪之邦的圣殿，而清廷自入关前起便对尊孔崇儒下足了功夫，然而在剃发令前，以孔门之尊尚不得免，这不得不令以孔家马首是瞻的汉族士人生员心惊，"亡国灭种"的警惕遂起，"亡国"与"亡天下"之别始分。"对一个文人来说，剃发是儒者尊严的堕落。这部分是因为它有悖于孟子关于受之父母的发肤不可毁伤的主张。剃发近乎于阉割——几乎是一个名节扫地的象征，在某种意义上远甚于身体的死亡。"③从此，朝代更替的政治冲突演变成为生死相搏的尖锐族群矛盾。仅仅顾炎武记因不剃发而死的江南士人就有：

> 六合诸生马纯仁，……瑞安诸生邹钦尧、永嘉诸生邹之琦皆投水死。祁门举人马嘉、歙县布衣方国焕、武进布衣欧敬竹、苏叟钱士凤、无锡诸生严绍英、常熟诸生徐峄（史传作徐澳）、浦江诸生张君正、晋江举人刘应星，皆自缢死。靖江布衣翟士元、昆山布衣陆幼安，皆自刎死。宜兴诸生卢象同、苏州举人杨廷枢、无锡原任吏部员外郎华九诚、吴江布衣陈宗道、新城诸生杨应和、杨存久、宣城诸生麻三衡、福清贡生林熙，皆被执死。常熟诸生项志宁、寿州诸生谢一鲁、武进诸生董元哲，皆发愤痛死。福清举人林说绝食死。宁都失守，兵士过其地，人皆走匿。诸生刘泰兆峨冠大袖，当户而立。兵士问尔何人？曰："我明朝诸生也！"问："何以不剃发？"曰："剃发惟若辈可耳！"众兵士攒刀砍之而死。④

---

① 林铁钧、史松主编：《清史编年》第一卷，中国人民大学出版社，2000年，第103页。
② 林铁钧、史松主编：《清史编年》第一卷，前引书，第103页；及见胡蕴玉《发史》，四库全书本，孔文謤条。
③（美）魏斐德：《洪业——清朝开国史》，陈苏镇等译，江苏人民出版社，2003年，第222页。
④（明清）顾炎武：《明季三朝野史》，台湾文献丛刊第106种，台湾银行经济研究室，1961年，第26-27页。

尽管为了衣冠发式产生了如此激烈的矛盾，统治者们也未曾退让。

此问题甚至成为党争中打击政敌的有力武器。顺治十一年（1654），在清王朝的内部南北党争中，大学士宁完我弹劾降清复社文人、时任吏部尚书陈名夏："名夏曾谓臣曰，要天下太平，只依我两件事，立就太平。臣问何事，名夏推帽摩其首曰，只须留头发，复衣冠，天下即太平矣……我国臣民之众，不敌明朝十分之一，而能统一天下者，以衣服便于骑射，士马精强故也。今名夏欲宽衣博带，变清为明，是计弱我国也。"[①]陈名夏本就是清军入关之后投降的汉臣，已是被防范的对象，而其对衣冠发式的议论，更触犯了先皇的禁忌，违背了清帝的原则，被入关前就已"从龙"的旧臣宁完我拉下马也在预料之中。而此后在清廷供职的"南人"再无人敢提"留发、复衣冠"的问题了。

同年，清廷要招抚郑成功，封郑为海澄公，并提出了优厚条件，将漳州、泉州、潮州、惠州四府拨给他安插部众。郑成功也因其父郑芝龙被羁北京，答应议和。顺治帝遣使持诏书到福建与郑谈判，相会后，清使要郑成功先剃发再宣诏，郑则要求先开诏再商议之后再行剃发，双方为此争执不下达数日之久，最终导致谈判破裂。[②]康熙元年（1662），郑成功病故，其子郑经接管了他的权力，向清廷提出按照朝鲜旧例称臣，要求"不登岸，不辫发易衣冠"，被一口回绝。直到康熙十九年（1680），双方还在为辫发衣冠的问题争执不下。最后，郑经退让提出，台湾全岛人民皆可剃发、换装，只让他一人例外，清廷仍然不允许。由此可见清朝统治阶层在此问题上的坚决程度。

乾隆三十三年（1768）六月山东巡抚富尼汉奏称，在邹县峄县发现两人偷割发辫被拿，此即轰动一时的"割辫案"。[③]而为了防止满人内部也出现同样的思想趋向，乾隆帝再次重申先祖皇太极的"圣谟"："朕每敬读圣谟，不胜钦懔感慕，……我朝满洲先正之遗风，自当永远遵循。""衣冠必不可轻言改易""所愿奕叶子孙，深维根本之计，毋为流言所惑，永恪遵朕训，庶几不为获罪祖宗之人。"[④]由此可知，坚持满式衣冠发式，始终是清代帝王前后一贯、坚定不移的族群底线和治国原则。

但是，满式发型、衣冠，清初至清中叶的一百余年来，并未完全被汉人接受。怀念汉族衣冠制度的情绪始终潜在。清初士人不少纷纷移居、避难到朝鲜、

① 参见林铁钧、史松主编：《清史编年》第一卷，前引书，第402页。

② （清）江日升：《台湾外纪》，文化图书公司，1972年，第117-130页。

③ 孔飞力名著《叫魂》即以此为主题，但仅仅视其妖术而辨析帝国处理妖术的危机，并未发现此事仍然是满汉民族问题在衣冠服饰斗争上的延续。

④ 《清实录·高宗纯皇帝实录》第12册，第320-321页。

日本，不过"只为数茎发"。不少降清将领也以此为号重操干戈，如顺治五年（1648）金声桓与李成栋之叛。金声桓原为明将左良玉部下，降清后又以未得清朝的封侯之赏而图谋再叛，"命左右取优孟衣冠，即于座上服戴，复以袍冠递送诸将，俱从之，遂反"①。后令军民剪辫，并尽着明朝服饰，见戴满帽者就射之。金声桓叛后，广东提督总兵李成栋闻讯也起兵反叛。李成栋有妾张氏，原为南明永历朝大学士陈子壮之妾，陈殉国后李成栋强纳张氏为妾，张一直郁郁寡欢，但偶见戏台上演员穿明朝服饰，便喜笑颜开。于是，本因未得广东总督一职而心怀不满的李成栋为博佳人欢心，私着明服，张氏也趁机进言："公自是明朝大将，合该佩此。"李成栋说："吾岂不深念此，但患太夫人、夫人羁虎窟耳。"张曰："我敢独享富贵乎？请先死以成君子之志。"便拔剑自刎而死，李为之震动："我不如一女子。"于是着明衣冠，用总督印，疏通桂王永历，叛清。②

不仅叛将如此，顺民也依旧留恋故国衣冠。顺治六年（1649），朝鲜使臣郑太和到清帝国来，就看到"尚书曹姓汉人押宴，见吾冠带，凝泪满眶"；而麟坪大君李㴭在顺治十三年（1656）九月十三日到达山海关，路上也看到"市肆行人见使行服着，有感于汉朝衣冠，至有垂泪者，此必汉人，诚可惨怜"；十月初三，他在北京正式朝见后，也发觉"华人见东方衣冠，无不含泪，其情甚戚，相对惨怜"。③到了康雍之际，仍有人鄙薄清服制，说："孔雀翎，马蹄袖，衣冠中禽兽。"康熙三年（1664），朝鲜使臣洪命夏出使北京，其日记《燕行记》记录汉人见到他，"皆有嘻嘘叹息之色，欲语未语……盖见我衣冠，自不觉其感慨而然也"。五年后，辽东一个姓颜的汉人知县在见到朝鲜使者闵鼎重的时候，尽管言语之中颇有忌讳，但也很坦率地说他自己官居正七品，进士出身，虽然遵照清朝制度穿了清代衣服，"不敢戴纱帽"，但是仍然"羡贵国尚存汉官威仪"。一直到乾隆四十二年（1777），李坤还记载说，"每与渠辈（指清国人）语，问其衣服之制，则汉人辄赧然有惭色"。④

三藩之乱吴三桂以恢复汉衣冠为号起兵叛清，一时拿下中原大半江山。而太平天国时期，起义者又以恢复蓄发作为反对清王朝的标志。其《奉天讨胡檄》云："中国有中国之形像。今满洲悉令削发，拖一长尾于后，是使中国之人变为禽兽也。中国有中国之衣冠。今满洲另置顶戴，胡衣猴冠，坏先代之服冕，是

---

① （清）计六奇：《明季南略》，中华书局，1984年，第391-392页。
② （清）计六奇：《明季南略》，前引书，第386-366页。
③ 葛兆光：《大明衣冠今何在》，《史学月刊》2005年第10期。
④ 葛兆光：《大明衣冠今何在》，《史学月刊》2005年第10期。

使中国之人，忘其根本也。"①清统治者也由此把太平军污为"发匪""发逆""长毛贼"。到清末，随着现代民主主义、民族主义思潮的兴起，"反清排满"的呼声日益高涨；为了缓和尖锐的族群矛盾与阶级矛盾，缓解其时内外交困的趋势，光绪三十二年（1906），清帝下诏称进行立宪政治改革，但慈禧太后提出的立宪原则，仍声称"一曰君权不可侵损，二曰服制不可更改，三曰辫发不准剃，四曰典礼不可废"。及至辛亥革命，革命党再次提及"剃发易服"问题，痛陈"辫发易服，使神明衣冠，沦于禽兽，而历代相沿之文教礼俗，扫地尽矣！"而孙中山刚就职民国临时大总统，就发出了"剪辫令"：

> 满虏窃国，易吾冠裳，强行辫发之制，悉丛腥膻之俗，当其初，高士仁人，或不屈被执，从容就义；或遁入淄流，以终余年，痛矣！……今者满廷已覆，民国成功，凡我同胞，允宜涤旧染之污，作新国之民，兹查通都大邑，剪辫者多，至偏乡僻壤，留辫者尚复不少，仰内务部通行各省都督，转谕所属地方一体知悉，就未去辫者，于令到之日，限二十日，一律剪除净尽，有不遵者，以违法论。②

这些史实表明，有清一代，清廷与汉族矛盾始终存在。围绕剃发易衣冠展开的斗争正是这种矛盾的外在化，斗争双方对于头发衣冠的象征意义都非常明白，也正因为明白，才都表现出在这一问题上的异常固执，这正是族群文化矛盾在融合前夕不可避免的斗争。

在发式、衣冠问题上，清朝的帝王们显得格外铁血，毫不妥协，凸显出他们维护政权族群特性的决心。如果说，在满洲内部要求子孙时刻谨记身份，避免习染所谓汉人颓风，强迫汉人接受满洲习俗，则即是视之为汉人臣服的标志，又在客观上起到了同化汉人的作用，随着统治日久，政权稳固，辫发满服逐渐成为清代社会共同的生活习俗。因此，实质上，对于清朝历代统治者而言，辫发、满服已经上升为一种维护满洲政权的，与之俱存俱亡的"意识形态"，成为"深维乎根本至计"，未可轻革的"祖宗成宪"。③

---

① 杨秀清、萧朝贵：《奉天讨胡檄布四方谕》，《太平天国印书》（上册），江苏人民出版社，1979年，第109页。
② 孙中山：《命内务府晓示人民一律剪辫令》，《孙中山全集》第二卷，中华书局，1981年。
③ 樊学庆：《剪发风云：剪发易服与清季社会变革》，生活·读书·新知三联书店，2014年，第24页。

二、基本国策的例外

然而，有意思的是，作为帝王，在自己的服饰问题上却有一些小特权。皇太极三令五申，子孙不得更改衣冠祖制，但是从雍正时期始，我们却能看到帝王们身着各种异装的画像。如《雍正汉装行乐图》《乾隆雪景行乐图》《嘉庆帝汉装行乐图》中，雍正、乾隆、嘉庆均有汉装图像存世，除此之外，雍正还有着蒙古装、僧道装、洋装等多种族群服饰的画像，乾隆亦有着藏装的画像。这种图画表述，似乎在宣告着，帝王们在服饰问题上，有着超然于所有国民的自由。

清帝的汉装造型，多把自己装扮成汉人的文人隐士形象，悠游于山水之间。但其整体造型却耐人寻味，虽身着汉装，在发式上却保持剃发之状，似乎以此表示不违反皇太极的祖宗遗训。如在《平安春信图》（见图 1）中，雍正和乾隆的头顶无发但却有巾髻，显得有些突兀违和。

图 1　平安春信图局部

更有甚者，透过乾隆皇帝留下的文字可以明确地看出雍正及乾隆扮装画像中人物所着汉装及洋装衣冠为虚构。乾隆二十八年（1763），乾隆亲笔题于《宫中行乐图》之上的诗作中说得很明白："几闲壶里小游纤，凭槛何须清群呼；讵是衣冠希汉代，丹青寓意写为图。自云：《石渠宵炅》藏刘松年此幅，喜其结构古雅，因命金廷标摹为《宫中行乐图》。图中衫履即依松年式，此不过丹青游戏，非慕汉人衣冠。向为《礼器图序》已明示此意。"[1]言下之意是，此类行乐图中的异装均是丹青游戏，并非钦慕汉人衣冠而穿戴入画。私人的娱乐是可以虚构衣冠款式的，但是在国策问题上必须非常清醒。乾隆帝此言的目的明显是不想

① 清高宗：《御制诗三集》卷 27，第 10-11 页（四库全书，第 1305 册，第 662 页）。

文学人类学视角下清代中前期国家与族群意识研究

让他人过度解读他在画中着汉装的娱乐行为，故此专门提到了自己在《皇朝礼器图示序》中已经阐明的针对衣冠问题的表述：

> 至于衣冠，乃一代昭度。夏收殷冔，本不相袭，朕则依我朝之旧，而不敢改焉。恐后之人执朕此举，而议及衣冠，则朕为得罪祖宗之人矣，此大不可。且北魏、辽、金以及有元，凡改汉衣冠者，无不一再世而亡。后之子孙，能以朕志为志者，必不惑于流言，于以绵国祚、承天佑于万斯年，勿替引之。可不慎乎！可不戒乎！①

当然，剃发易服的基本国策，也并不是铁板一块。虽然将满洲发型服饰推诸全国，使全国一体，是清帝的理想；然而，在实际实施的时候我们会发现，其除了对满汉两族要求严格，对其他族群以及边疆地区，尤其是政权控制不那么牢固的边疆地区，这条"国策"却并非是不可动摇的。比如针对蒙古族群，蒙古旗人和统摄力强的漠南蒙古的王公贵族必须剃发易服，而对控制力相对薄弱或纳入版图较晚的漠北喀尔喀蒙古、漠西厄鲁特蒙古、杜尔伯特、土尔扈特、准噶尔等部都未曾强行要求剃发易服。

再如，其允许西南地区的"苗夷"保留自己的发式。乾隆四十五年（1779），和珅途经湘、黔、滇，见该处苗民虽当差极为恭顺，但仍沿习旧俗未行剃发，于是上报乾隆帝，请其下令变俗，乾隆批示道：

> 滇、黔一带民、苗杂处，且有苗多于民之处，伊等耕凿自安，输诚服役，久与内地民人无别；徒以不行薙发，尚循旧俗，遂尔显示区分；但已相沿日久，若一旦悉令遵制薙发，未免心生疑惧，办理转为未协。著传谕该督、抚等明白宣导，出示晓谕，所有各该省苗民，其有愿薙发者，俱准其与内地民人一例薙发，以昭一视同仁之意。②

可见，在乾隆看来，与发式比起来，边民的顺服更重要。不过，在咸丰、同治年间平定"苗乱"之后，也责令苗人剃发易服，但"经营数年，卒不能一律如约"，其时的士人还对此感叹道："异俗贯常，积重难化，用夏变蛮，诚不易也。"③言下之意，剃发易服居然成了"用夏变蛮"的手段。这种观点与一百

① 清高宗：《御制文初集》，卷12，第8页（四库全书，第1301册，第113页）。
② 民国《贵州通志》第28册《前事志二十》，转自温春来：《从"异域"到"旧疆"：宋至清贵州西北部地区的制度、开发与认同》，社会科学文献出版社，2019年，第382页。
③ 转自温春来：《从"异域"到"旧疆"：宋至清贵州西北部地区的制度、开发与认同》，前引书，第383页。

余年前为反对剃发易服"保发严胡夏"而赴汤蹈火的态度，两相对照，不禁让人感慨，一百年间，"夏"的指涉明显已经褪去了"汉"的族群色彩。

再者，纵使帝王再三强调剃发是基本国策，也挡不住民风民俗对"剃发"的重新定义——剃多少，剃成什么样，皇帝并没有贯穿始终的标准。"乾隆年间清代男子的发式还是金钱鼠尾式。……随着时间的推移，至清朝中后期清人剃发面积逐渐缩小，留发面积逐渐增大，辫子变得更粗更长。……至清朝末，清人留发面积更大，留发面积和剃发面积各占一半。"①民间智慧与帝王治术之间达成了一种心照不宣的平衡，使得改变之后的辫发形态终成了清朝中国上下人等一致的统一发型。

甚至，民国初年剪辫之时，还颇有一些人为之痛惜，誓保"命根"。就连著名学者辜鸿铭、王国维，也惜辫如命，拼死抗争——这一幕仿佛令人看到了三百年前那一群为了保发而亡的明末文人。更有扶持溥仪复辟的军阀"辫帅"张勋，坚决不许属下剪辫，带着"辫子军"宣誓效忠清廷——俨然与明清之际"保发严胡夏，扶明一死生"的南明义士们的形象重合。这种令人唏嘘的历史重合，也在暗示着清帝们三百年的坚持，终究让清朝中国也同明朝中国一样，成为"中国"的一部分。

小　结

让一个族群的成员对自己的族群身份有清晰的认识，对彼此有区别于族群之外他者的认同，实质上就是在给自己和同伴打造一个精神家园。在塑造与强调满族族群身份的问题上，从宣告族群独立，到塑造远祖神话，到重塑母语文字，再到明确身体标志，清代帝王们可谓殚精竭虑。他们在打造一个属于自己的家园，从身体、语言、祖先等方面都描述出了自己的族群特性。

同时，身为帝王也不能仅仅是一族之领袖，清代帝王的家园，也远不止于满洲故地。对于清帝而言，在入关之前，满洲是家，也是立国的根基，"中国"是曾经的明朝宗主所据之地，也是向往开创宏业的未来之国；入关之后，满洲是故家，而中国已成自己与子孙后代生活的真实所在，是国，也是新的家。故园只需凭吊，所以清帝东巡再多次也只在彰显孝道与追思；新家却是需要精心经营建造的，于国事上的勤勉，就成了历代清帝的家训传承。

在维护族群特性的时候，前期的清帝们苦苦支撑着母语的地位，但语言有

---

① 李学成：《满族辫发渊源考辨》，《云南师范大学学报》（哲学社会科学版）2019年第3期。

自己的发展路径，政权稳固之后，母语地位的得失也就不再被强调了。随着清王朝大一统地域的不断扩大，为了强调族群优越感，清帝们在权力所及的版图上，强迫各族男子的发式改造为统一的剃发蓄辫样式，用身体的表述形式强行推进他们心中的国家一体，虽然这种表述冒犯了优势族群的文化底线，在族群融合的道路上设置了种种障碍，但最终的结果是中国各个族群呈现在身体外观上的差异表面上被淡化了。而时间和民众的合力，最终也使得清朝的辫发不复满人最初的样态。清帝的表述虽然强势，但民众的力量也能与之周旋，改良后的辫发发型，最终成为不分民族、不分身份等级的社会风俗。

于此意义上，伴随着族群间无数次的冲突与妥协，清帝还是把家融入了国，将国打造成了家。

第三章

遵奉治统

对于发式衣着的坚持，强势宣告了清代帝王要合满汉为一体的意愿，但是以满族服饰统摄全国的做法，却为推进国家一体化的计划制造了很多纷争。在族群意识与国家意识的衡量上，清代的帝王们也并非一味如身体表述那么固执，相反，他们相当懂得通过彰显对汉文化的认同来强调国家意识的分量，从而去弥合由于身体表述带来的族群矛盾，获得人口占绝大多数的汉人的认可。

后金天命十一年（1626），努尔哈赤去世以后，其子皇太极继任大汗，十年之后，仿照历代中原王朝的体例，为其父上"武皇帝"的谥号，定庙号太祖。康熙元年（1662），刚即位的康熙皇帝，又改努尔哈赤的谥号为高皇帝。谥号自周代始，专门用于后世评价前人行迹，秦始皇一度废除，汉朝又恢复旧制，历代因袭，再未更改。皇太极在父亲逝世十年以后，才为父亲上谥号，说明是在其间吸收汉人制度思想的成果，而康熙改谥努尔哈赤为"高皇帝"的做法，无疑是效仿"汉高祖""唐高祖""宋太祖"等中原正统王朝的先例。这些举动，无论是出于帝王本心，还是谋臣建议，由帝王来展示，无疑是在昭示自己对于中国历代王朝正统的承继权力。

类似的举动还有很多，如乾隆在谕旨编撰《满洲源流考》时，甚至毫不犹豫地将清曾为明之属国与"汉高乃秦之亭长，唐祖乃隋之列公，宋为周之近臣，明为元之百姓"并论；又在提及祖先的神圣出身时，将"朱果发祥"的神迹表述为"亦如商之元鸟降生，周之高禖履武，纪以为受命之符"[①]。如此表述就是将自己融入王朝交替的正统传承序列之中，理所当然地身列中国帝王谱系。对此谱系的打造，乾隆不是首功，其祖父康熙更可谓用心良苦。康熙五十六年（1717）的长篇《面谕》中，首倡"自古得天下之正莫如我朝"，学者以为其"直欲居历代正统之最，承前启后，实为有清一代最为重要之政治纲领"[②]。

要使成员产生共同认同，最好方法是创造共同记忆，但对清朝统治者而言，要获得汉人的支持，认同一种共同记忆——治统与道统——比创造共同记忆容易得多。然而，明清承续毕竟不同于中国历史上其他的王朝更迭，因为明为汉人王朝，而清朝统治者并非汉人，这势必面临将文化血缘承续转向政治血缘承续。于是这将牵涉到对中国传统王朝统治的三种核心系统，即治统、道统与族统之间关系的处理。

---

① 阿桂等编：《满洲源流考·乾隆皇帝上谕》，中国国际广播出版社，2016 年，第 9 页。
② 姚念慈：《康熙盛世与帝王心术——评"自古得天下之正莫如我朝"》，生活·读书·新知三联书店，2015 年，第 163 页。

第一节　正统释义

何谓"统"？《释名》称：统，绪也，主绪人世，类相继如统绪也。《尚书·微子之命》说：统承先王，修其礼物。因此，"统"意指世代相继的系统。何谓"正统"？其义本源自血统，最初并非政治观念。而皇室家族内部的宗法礼制问题使得"正统"的概念核心转向宗法与国法合一，礼制与政制合一。[①]而"正统"的内涵又是丰富的，大致来说，在中国历史中出现了三种正统观。

> 中国历史上的"正统"观念有一个形成、发展与丰富的过程。它最早发轫于远古中原"诸夏"与四夷的"华夷之辨"，形成内华夏、外夷狄的民族正统理念，"攘夷"是其主要表现。"攘夷"必须"尊王"，王不尊则夷难攘，尊王则要强调天命。于是，以君权神授为基础的王权正统成为正统观的核心内涵……民族正统与政治正统理念必然反映到文化思想上来，也必然需要文化思想来支持和传承，维护民族正统与政治正统的儒家思想文化由此应运而生，孔子著《春秋》和董仲舒对《春秋》公羊学大一统观念的推衍以及"独尊儒术"文化主张的被采纳，就是儒家思想文化对华夏民族历史进程及其政治正统观的认同，同时也是儒家思想文化本身正统地位得以确立的标志。其中，儒学的"道统"论证及史学的正闰之分是突出表现，并逐步采用原本代表血统正嫡关系的"正统"一词来表述广义的正统观念。由此，中国历史上的正统观念包含民族正统、政治正统、文化正统三种内涵。[②]

笔者所谓治统，即政治正统，指治理国家一脉相传的统系，标志着王朝政治统治的合法性，是中华特有的政权之间的正统递嬗关系，历史上曾经有无数御用学者用五行五色解释诸多王朝之间的政治血统关系，清朝对于明朝正统的继承也不例外。如顺治帝刚入关定都北京，便迎太祖努尔哈赤牌位入太庙，而请明太祖位入"历代帝王庙"，并接管了对庙中所祭的历代帝王的祭祀。此即是为了昭告自己继承明朝而纳入历代帝王谱系的正统之中。[③]

---

① 雷戈：《正朔、正统与正闰》，《史学月刊》2004年第6期。
② 董恩林：《试论历史正统观的起源与内涵》，《史学理论研究》2005年第2期。
③ 参见《清史稿》第10册，前引书，第2526页。

而道统，即文化正统，犹指其核心儒家文化正统。①元朝杨维桢在《三史正统辨》中曾指出："道统者，治统之所在也。"在清朝对汉族地区的统治策略上，满族王室尤其重视这一点。他们接受儒家礼制观念、亲自祭孔、历上孔子尊号、加恩诸贤后裔等行为都是清朝满族王室对于汉族士人道统意识迎合和讨好的突出表现。

族统，则即族群正统，在中原腹地当然特指汉人正统。在中国汉人地区建立统治的历代非汉王朝都为此费神不少。汉人王朝自然顺理成章地标榜自己是华夏之邦，但非汉王朝则要面对此一正统性的挑战，清朝便是非常生动的一例。

当三统和谐统一，即当统治集团为被儒家道统所承认、拥护的汉人政权，同时统治集团亦支持儒家道统，中国地区就必然是安宁和谐的；而当它们彼此抵牾，则反之。

当治统与道统背离，作为四民之首的"士"则会质疑治统不正，因此帝王们也多标榜以"圣王"为理想追求，转而堵住悠悠众口。"治教合一"虽然是儒家的传统政治理想，但这个理想落实到制度结构上，却是一分为二，由"统治者"和"士人阶层"分别承担。从宋代开始，"道统观"逐渐发展成形，赋予了儒家知识分子抗衡政权统治的理想基础。但是，漫长的中国朝代史证明：一旦皇权真正试图解决"道统"与"治统"关系时，"道统"屈服于"治统"则成为唯一的可能，甚至"道统"将被完全纳入"治统"体系中去。这种趋势，在明太祖朱元璋时已出现，到明世宗朱厚熜统治时已很明显，而到了清朝，为了抵消"族统"断裂的离心力，"道统"则完全被纳入"治统"之中。在同一意义上，钱穆先生就提出，中国自汉代以后历代王朝政权均为"士人政权"，而元、清例外，是为"部族政权"，但部族政权为了稳定统治就伪装自己仍然是"士人政权"：

> 若说政权，则中国应该是一种士人政权，政府大权都掌握在士——读书人手里，从汉到明都如此。……所谓部族政权者，便是把政权掌握在某一个部族的手里，这便是中国历史上的异族政权了。……但在表面上，则单说清代一代，仍然像是士人政权，仍然说政权该交付与读书人。这是中国传统的政治理论，满洲人也了解，并不曾正式反对这理论。他们只在此理论之下，另用一种法术，把满洲部族来凌驾中国读书人。②

---

① 关于儒者道统何以成为文化道统正宗，可参见徐新建：《从汉学"三统"看道教传承》，《宗教学研究》2008 年第 1 期。

② 钱穆：《中国历代政治得失》，生活·读书·新知三联书店，2001 年。

作为异族入主中原的清朝，在士人心中，其治统已与汉人族统分离，因此，族群意识便高涨，治统也受到怀疑，这也是每个非汉王朝必然面对的问题。对于统治集团而言，"三统"树立并规范了他们的身份，即政治、文化与族群的身份，同时也规范着为他们所统治的人民的身份，其中尤以社会精英——士绅最为敏感。只有当国家认同、文化认同与族群认同在朝野均达成妥协平衡，整个社会才可能真正地趋于平和稳定。但是，有意思的是，当治统与道统合一，力量却足可以克服族统不和谐造成的震荡，也就是说，国家认同与文化认同的联合强大到足以克服由族群认同造成的离心力，从而达到一个新的平衡。

明清易代，对于探究三统的纠葛而言是一个非常精彩的案例。尤为引人注意的是，清帝的作为让"道统"和"治统"紧密结合，使得"治教合一"的象征意义和皇权结构真正合而为一，使标榜传承道统的知识分子失去了批判政治权威的理论立足点，更从"夷夏"文化论的理论高度，使"族统"看似强大的"华夷之辨"变得不堪一击。也就是说，是国家认同吸纳了文化认同强大的向心力，从而抵消了大一统国家内部的族群矛盾。

康熙皇帝明确宣称：

> 朕惟天生圣贤，作君作师。万世道统之传，即万世治统之所系也。自尧、舜、禹、汤、文、武之后，而有孔子、曾子、子思、孟子；自《易》《书》《诗》《礼》《春秋》而外，而有《论语》《大学》《中庸》《孟子》之书。……盖有四子，而后二帝三王之道传；有四子之书，而后《五经》之道备。四子之书，得《五经》之精意而为言者也。孔子以生民未有之圣与列国君、大夫及门弟子论政与学，天德王道之全、修己治人之要，俱在《论语》一书；《学》《庸》皆孔子之传，而曾子、子思独得其宗。明新止至善，家国天下之所以齐治平也；性教中和，天地万物之所以位育，九经达道之所以行也。至于孟子，继往圣而开来学，辟邪说以正人心；性善仁义之旨著明于天下。此圣贤训词诏后，皆为万世生民而作也。道统在是，治统亦在是矣。[1]

如此道统、治统合一论，表面上看，康熙是在赞誉儒家圣贤和儒家经典，实际上更是借此表白自己既为帝王"治统"的代表，也是精研儒家经义的"道统"继承人。既然"道统在是，治统亦在是"，那么，他以及他的家族对于中国的统治，也就不再因"华夷有别"之论而不具备合法地位了。

---

[1]《御制文集·四书解义序》，文渊阁四库全书本。

当然，三统之间的力量角逐并不仅仅是靠几篇"御制"文集就能高下立见的，三种力量之间达成的新平衡经过了历时漫长又异常艰辛的矛盾冲突。笔者以为大致经历了六个阶段。

第一阶段：明朝治统崩溃，清朝治统初立。以1644年崇祯帝亡与1645年南明弘光朝的灭亡为象征。这一时期，为明朝治统终结而死节尽忠的士人不可胜数。

第二阶段：经历了江南弘光政权的崩溃后，汉人族统意识与清朝治统之间矛盾日渐突出，江南内附清廷后清代统治者下达的剃发令激化了这一矛盾，使得斗争又起。虽然各地起义仍然打着"复明"的旗号，但是此时的"明朝"已经成为汉族的一个极具号召力的代表性符号，汉族的族群意识高涨。

第三阶段：当清廷武力平定中国，使得明朝宗室纷纷臣服，复明希望被粉碎后，士人道统开始与清朝治统分庭抗礼，表现为士人遗民的大规模弃"诸生"、弃"举子业"以及拒不出仕的不合作态度。

第四阶段：清廷改变了治汉政策方向，治统主动向士人道统示好，并以道治合一为旗号将道统纳入翼下。士人对此表示了接纳，遗民开始参与政事，大量汉族士人出仕。

第五阶段：汉族族统意识为"道治合一"所联手征服，转入地下，成为潜流。最显著案例为雍正朝吕留良、曾静案，其结果是汉族士人对清廷的妥协以及对其立国合法性的默认。

第六阶段：三统达成新平衡。表现为乾隆帝重定南明三帝为明之正统承续，统一表彰南明抗清死难"忠臣"，刊行《贰臣传》，并得到士人的承认和拥护。由此，三统达成了新的平衡——治统和士人道统融为一体，汉族族统意识转入地下潜流。

此后，这样的平衡经历了太平天国的考验，终于在辛亥革命"驱逐鞑虏，恢复中华"的汉族复兴口号和更鲜明的族群意识中轰然崩溃。但是，重新鲜明起来的汉族族统意识也并未缔造一个纯粹的汉族国家，反而是新的五族共和理论建立起来，因为清朝三百年形成的国家意识形态已经与中华文化道统紧密联合在一起，血肉难分。虽然清朝帝王们的初衷也许是出于统治需要接纳了汉族儒士的道统意识，但是，不以他们的意愿为转移的是，道治合一的最终戏剧性结果不是治统高于道统和汉族族统，而是悄然将满汉矛盾转移为阶级矛盾。因此，辛亥革命的结果只是结束了中华帝制，却并不能将满族人民排除在中华之外；此时的满族与汉族一样，在国家一统意识形态和中华文化道统的长期浸润下，已经融为中华一员。现代中国国家，也正是在国家意识和文化意识的强大向心力作用下，将众多民族融合为今天的"中华民族"，在此意义上，清朝的政策导向不无贡献。

第二节　书写中国帝王谱

除了表现出尊孔崇儒的文化崇拜者姿态，令汉人放下了成见的另一个成功政策便是对于历代帝王的祭祀。如果说尊孔崇儒是对道统的尊敬，那么祭祀历代帝王则是对治统的遵奉。清代帝王从入关开始便非常重视对于历代帝王的祭祀和对帝王陵的维护，表现出将自己纳入中华治统的诚意。

对先代帝王的祭祀起源很早，但最初并非所有帝王都能受到祭祀。《礼记·祭法》曰：

> 法施于民则祀之，以死勤事则祀之，以劳定国则祀之，能御大菑则祀之，能捍大患则祀之。是故厉山氏之有天下也，其子曰农，能殖百谷；夏之衰也，周弃继之，故祀以为稷。共工氏之霸九州岛也，其子曰后土，能平九州岛，故祀以为社。帝喾能序星辰以着众；尧能赏均刑法以义终；舜勤众事而野死。鲧鄣洪水而殛死，禹能修鲧之功。黄帝正名百物以明民共财，颛顼能修之。契为司徒而民成；冥勤其官而水死。汤以宽治民而除其虐；文王以文治，武王以武功，去民之菑。此皆有功烈于民者也。及夫日月星辰，民所瞻仰也；山林川谷丘陵，民所取材用也。非此族也，不在祀典。

指出了帝王祭祀的标准是"有功烈于民"，因此诸如尧、舜、禹、黄帝、颛顼、契、汤、文王、武王等有功之王才能入祭。

秦汉以来，这种帝王祭祀已成惯例。唐代开始在历代帝王"肇迹之处"分别建庙立祠，并在京城敕建三皇庙和五帝庙，合祭三皇五帝；宋代谕令各地营建或修复先代帝王陵庙70余座，置守陵户，禁樵采；元代初年，京师及地方均建三皇庙。直至明朝建历代帝王庙，不仅延续合庙祭三皇的传统，更开创性地以合庙合祭群祀的形式，统一祭祀明以前各代帝王，并使对之成为国家常规祭礼之一，由此，以外显的形式呈现了中国的治统传承。

明太祖朱元璋在洪武六年（1373）下令建造历代帝王庙，"仿太庙同堂异室之制，为正殿五室：中一室三皇，东一室五帝，西一室夏禹、商汤、周文王，又东一室周武王、汉光武、唐太宗，又西一室汉高祖、唐高祖、宋太祖、元世祖。每岁春秋仲月上旬甲日致祭"，并下诏令历代名臣从祀。其后多次调整受祭祀的帝王名录，最后定下奉祀帝王自三皇以下至元世祖共十六帝，从祀历代名臣自黄帝臣风后、力牧以下至元木华黎等共三十七人。自此，历代帝王庙祭初具规模。其后，嘉靖九年（1530），明世宗厘正祀典，下令在京城之西新建历代帝王庙。十一年（1532）帝王庙建成，世宗亲临祭祀，此后每年派遣大臣于仲春、仲秋以太牢致祭，并罢元世祖及其臣五人，定为十五帝，名臣三十二人。①

清承明制，延续了对历代帝王的祭祀，除制订和完善各地帝王陵寝祀典之外，统治者们更高度重视京城的历代帝王庙，并且不断讨论、添加了很多与自身族群特性息息相关的内容，对入祀的帝王以及从祀的名臣作了增补和调整。

入关之初，顺治二年（1645），清廷宣称"当日宋之天下，辽、金分统，南北之天下也。应以辽太祖及功臣耶律曷鲁，金太祖、世宗及功臣黏没忽、斡里不，俱入庙祀"；对元代帝王，不仅恢复明初曾一度入祀的世祖，而且以"元世祖之有天下，功因太祖，应追崇元太祖，其功臣木华黎、伯颜应从祀"。②并增祀明太祖及功臣徐达、刘基诸人。于是，历代帝王庙奉祀三皇、五帝及之下共二十一帝：夏王禹，商王汤，周武王，汉高祖、光武帝，唐太宗，辽太祖，宋太祖，金太祖、世宗，元太祖、世祖，明太祖。秦、两晋、南北朝、隋、前后五代皆不在列，说明选择标准应为大一统且延续时间较长的王朝。但"辽、金"进入却是因为与宋分天下。特别是所增加的辽、金、元三代四帝，汉以下，只有金、元两代各有二帝，体统最隆。"显然，清廷独尊金、元，凌驾各代之上，既在破除华夷之见，更是为清廷本身争正统。"③辽、金、元都是以非汉身份而统摄过中原地区的王朝，祭祀其主也是在为有相似身份和经历的清帝代言得天下之正统。

然而，顺治亲政之后的顺治十四年（1657），对于历代帝王的祭祀标准却改变了。时任山东道监察御史顾如华提出要在帝王庙增加守成贤君，并应以是否统一中国为标准祭祀，顺治帝核准宣谕："帝王庙祀二十一帝皆系开创，不及守成。"而历代守成之君，不乏英主，增祀商中宗、高宗，周成王、康王，汉文帝，宋仁宗，明孝宗七帝，均为华夏族群中原王朝；又以辽太祖、金太祖、元太祖三帝"原未混一天下，且其行事亦不及诸帝王"而停祭④。顺治定下的中国帝王谱系，也是其认可的治统传承的线索，因此这一举动，颇令史家意外，主流观

① 黄爱平：《清代的帝王庙祭与国家政治文化认同》，《清史研究》2011年第1期。
②《清会典事例》卷四三三，第5册，第907-909页。
③ 姚念慈：《康熙盛世与帝王心术——评"自古得天下之正莫如我朝"》，前引书，第199页。
④《清会典事例》卷四三三，第5册，第907-909页。

点分析应是因为其时清朝一统天下的格局已定，相比强调族群特性为辽、金谋正统，顺治帝更重视"大一统"的国家观念。

顺治的继承人康熙帝在位期间，先于康熙元年（1662）恢复帝王庙原奉祀二十一帝，随后又对入祀的历代帝王及从祀诸臣进行了大规模的增补。康熙六十年（1722），他在去世之前，特别指出历代帝王庙崇祀的帝王，每朝不过一二位，皆因书生妄论，很不恰当。而"朕君临宇内，不得不为前人言也"。遂令臣下讨论议定更改方案。礼部遵旨后议定列举了自伏羲以逮有明可入庙受享祭祀的帝王，以及偏安一隅不入正统的帝王。而康熙对礼部的意见表达了自己的不满，更特别指出努尔哈赤、皇太极反明时在位的明朝皇帝万历、太昌、天启，不应崇祀，命再议。还指示重新安排帝王排位，要求创始居中，余分昭穆。[①]种种作为，无非是要将清朝取代明朝、入承中原正统解释为天命已移，又像梳理家谱一样，用分昭穆的仪式感，表明了自己对国家治统形成如同家族传承的理解。

更清晰的证据在于康熙遗诏。遗诏是国家权力转移的关键文书，先写汉文再写满文，宣读时又先宣满文，后宣汉文，可谓是满汉一体的最高呈现方式，康熙在其中也自称中国皇帝，其满文本亦不作"汗"（xan），而作"皇帝"（xwangdi），是"中国至圣皇帝"或"统驭天下中国之主"，所统治的都是"中国之人"。[②]康熙自称"历观史册，自黄帝甲子迄今四千三百五十余年共三百一帝，如朕在位之久者甚少"，以自己在历代帝王中执政时间之长为荣，同时又宣称"自古得天下之正莫如我朝"，清朝能继承明朝的中国正统，是仿效前代先例，"昔汉高祖系泗水亭长，明太祖一皇觉寺僧，项羽起兵攻秦而天下卒归于汉；元末陈友谅等蜂起，而天下卒归于明。我朝承袭先烈，应天顺人，抚有区宇，以此见乱臣贼子无非为真主驱除也"。把楚汉争霸天下归汉，朱元璋、陈友谅并起而天下归明，清朝因"流贼李自成"而得明朝之天下归为一类，是"应天顺人"之举。遗诏中还遍用舜、禹、梁武帝、隋文帝典故以自比，显然是将自己纳入了中国王朝的历史谱系之内。

雍正即位之后，按照父亲遗志，在历代帝王庙中增加了自夏启以下至明愍帝（崇祯）各代帝王共计一百四十三位，并增黄帝臣仓颉以下至明刘大夏等历代名臣计四十人。雍正帝亲制祭文，遣官致祭行礼如仪。至此，加上原本奉祀的各帝及从祀诸臣，历代帝王庙中一共祭祀历代帝王一百六十四人，历代名臣七十九人。

---

① 姚念慈：《康熙盛世与帝王心术——评"自古得天下之正莫如我朝"》，前引书，第195-197页。
② 汪荣祖：《清帝国性质的再商榷》，《殊方未远——古代中国的疆域、民族与认同》，中华书局，2016年，第277页。

而乾隆即位后，更将祭祀人数一再提高，不仅列辽、金二朝，还将东西晋、元魏、前后五代等均列入。因为，乾隆以为从汉末至唐相隔三百余年，唐末五代亦历经半个多世纪，其间"中华统绪，不绝如线"，若"概不列入，则东西晋、前后五代数百年间创守各主，祀典阙如，何以协千秋公论"。①于是，议定总计奉祀三皇五帝以下至明崇祯帝等历代帝王凡一百八十八人。

至此，历代帝王庙入祀标准及规模得以最终定型，总计奉祀历代帝王一百八十八帝，从祀历代名臣七十九人。入祀的历代帝王均各立神牌，安放于帝王庙正殿七室亦即七龛之中，伏羲、神农、黄帝三皇居于正中位置，五帝以下至明崇祯帝则分别左右，顺序安放。具体排列情形如下：

中室：太昊伏羲氏、炎帝神农氏、黄帝轩辕氏；左室：少昊金天氏、颛顼高阳氏、帝喾高辛氏、帝尧陶唐氏、帝舜有虞氏；右室：夏王禹、启、仲康、少康、杼、槐、芒、泄、不降、扃、廑、孔甲、皋、发，商王汤、太甲、沃丁、太庚、小甲、雍己、太戊、仲丁、外壬、河亶甲、祖乙、祖辛、沃甲、祖丁、南庚、阳甲、盘庚、小辛、小乙、武丁、祖庚、祖甲、廪辛、庚丁、太丁、帝乙；次左：周武王、成王、康王、昭王、穆王、共王、懿王、孝王、夷王、宣王、平王、桓王、庄王、僖王、惠王、襄王、顷王、匡王、定王、简王、灵王、景王、悼王、敬王、元王、贞定王、考王、威烈王、安王、烈王、显王、慎靓王；次右：汉高祖、惠帝、文帝、景帝、武帝、昭帝、宣帝、元帝、成帝、哀帝、光武帝、明帝、章帝、和帝、殇帝、安帝、顺帝、冲帝、昭烈帝，晋元帝、明帝、成帝、康帝、穆帝、哀帝、简文帝，宋文帝、明帝、孝武帝，齐武帝，陈文帝、宣帝，魏道武帝、明元帝、太武帝、文成帝、献文帝、孝文帝、宣武帝、孝明帝；又次左：唐高祖、太宗、高宗、睿宗、玄宗、肃宗、代宗、德宗、顺宗、宪宗、穆宗、文宗、武宗、宣宗、懿宗、僖宗，后唐明宗，后周世宗，宋太祖、太宗、真宗、仁宗、英宗、神宗、哲宗、高宗、孝宗、光宗、宁宗、理宗、度宗、端宗，辽太祖、太宗、景宗、圣宗、兴宗、道宗；又次右：金太祖、太宗、世宗、章宗、宣宗、哀宗，元太祖、太宗、定宗、宪宗、世祖、成宗、武宗、仁宗、泰定帝、文宗、宁宗，明太祖、惠帝、成祖、仁宗、宣宗、英宗、景帝、宪宗、孝宗、武宗、世宗、穆宗、愍

①《清会典事例》卷四三三，第 5 册，913-914 页。

帝位。均南向。凡异代同室者，皆隔别之。①

这份长长的名单和神牌排列的形式，始自远古三皇，迄于明崇祯皇帝，历代"圣作明述之君，守文继体之主"一脉相承的完整统绪，俨然是家族宗庙中始祖居中，左昭右穆的形态。而清帝本身，则理所当然地成为这一统绪的继承者。几位帝王对祭祀历代帝王可谓苦心孤诣，不仅将与自身族群性质相似的非汉王朝列入正统，为自己入列争取正统的地位；还将帝王庙形制类比家庙，就像为满洲造祖先神话一样，追溯中国的帝王先祖，梳理出一部源远流长的中国帝王家谱，就是在昭告后世，自己是传承有序的中国帝王家族的后人。在重修历代帝王庙竣工之后，乾隆帝曾经亲自为正殿题写楹联云："治统溯钦承，法戒兼资，洵哉古可为监；政经崇秩祀，实枚式焕，穆矣神其孔安。"②"治统溯钦承"就已明确昭示了清帝举措的用心。

对于清帝而言，治统的接续，同时也是道统的传承。康熙皇帝对此有清楚的自觉："朕惟天生圣贤，作君作师，万世道统之传，即万世治统之所系也。"③既为"君"也是"师"，分明是以儒学道统的继承者自任，将道治合一，强调以儒家思想来治理国家。因此列入国家常规祭礼的历代帝王庙祭祀，不仅仅是对历代帝王治统的尊崇，也是对代代相传的儒学道统的承继。

帝王庙祭祀，定于每年春、秋仲月诹吉致，大多派遣朝廷官员祭祀，但若有"特行崇典"，则"皇帝亲诣行礼"。雍正帝曾于雍正二年（1724）亲祭帝王庙，而乾隆帝于乾隆三年（1738）、二十九年（1764）、四十年（1775）、四十八年（1783）和五十年（1785）先后五次亲诣。届时，在这座合祭历代诸帝的庙宇之中，列于神牌之上的是已被历史淘汰的王朝之帝王，而站在神牌之前拈香礼拜者，乃执政之清朝帝王。这一仪式本身已然宣告，治统可新，道统可继，当今清朝皇帝已然不仅在政治统绪上居于正统地位，在文化传承上也接续起了道统真传。

第三节 祭奠明陵

在这份帝王传承家谱中，清朝正统得自明朝，因此对于明朝帝王的祭祀，

---

① 来保、李玉鸣等奉敕撰：《大清通礼》卷九，《吉礼·历代帝王》，收入《文渊阁四库全书》影印本，第 655 册，第 168 页、157-158 页、168 页。

② 于敏中等编纂：《日下旧闻考》卷五一，《城市·内城西城二》第 2 册，第 808 页，北京古籍出版社点校本。

③ 玄烨：《圣祖仁皇帝御制文集·初集》卷十九，《文渊阁四库全书》影印本，第 1298 册，第 185 页。

就显得意义非凡。所以，在清朝帝王对中原文化的自我表述中，有两个贯穿始终的核心策略：尊孔重儒与祭奠明陵，前者表现为对儒家道统的尊崇，后者则展示出对中国治统的追求。而其策略的终极目的都是要获得最广大汉人，特别是汉人精英的认同。

相关史料记载清初官方对明陵的管理祭祀案例有：

> 顺治建元，礼葬明崇祯帝、后，复诏明十二陵絜裡祀，禁樵牧，给地亩，置司香官及陵户。岁时祭品，户部设之。明年，定春、秋仲日致祭，遣官行。
>
> 顺治六年，定明陵仍设太监，并置房山、金陵陵户。
>
> 顺治十六年，幸畿辅，亲酹崇祯帝陵，谥曰庄烈愍皇帝。凡巡幸所莅，皆祭陵、庙，有大庆典，祭告亦如之。
>
> 康熙二十三年，南巡，道江宁，诣明太祖陵，拜奠。谕有司巡察，守陵人防护。越五年，巡会稽，祭禹陵，祝文书御名，行三跪九拜礼。毕江宁，祭明太祖陵，如祀禹仪。凡时巡祭帝王陵寝，仪同祭庙，率二跪六拜，兹盖殊典云。
>
> 康熙三十八年，复南巡，见明太祖陵圮剥，诏依周封杞、宋例，授明裔一官，俾世守弗替。[①]

而实际上，对明帝陵的祭祀与其说是一种象征性的仪式，不如说是一场清代帝王征服汉族士人之心的文化战争。因为，对明朝帝陵的祭告，从来不是清朝帝王的一言堂，在这个较量场上，他们有太多竞争对手。

一、南明谒陵

皇陵，是王权和正统的符号，它宣示的是统治权力，表达的是"正统"的符号意义。故而，崇祯自缢前留下《血书遗诏》，以"勿坏陵寝"为遗言。清君入主，便为崇祯发丧和祭陵，并且从未间断对于明陵的维护和祭祀，借以表示中国正统已为"大清"所传承，请明太祖牌位由太庙而入历代帝王庙。而偏安南京的南明势力则以祭告明祖陵而宣布承祧未熄。

崇祯十七年（1644）三月十九日，崇祯皇帝自缢景山。在北京，清军随即入关，顺治帝登基即位，清朝入主中原之势已成。同时的南京，五月初一，明福王朱由崧先拜谒明孝陵，再入南京城登基即位，年号弘光，宣告延续明朝国

---

① 《清史稿》第 10 册，前引书，第 2529-2530 页。

祚，史称南明。这次拜谒是南明政权第一次拜谒孝陵，其意义相当重大：在此风雨飘零之际，宣告恢复大明的决心；更重要的是，谒陵既告慰先祖又诏告天下，表明自己已经入承大统。

但是很快，这种决心和希望就被挥军南下的清军打破了。

顺治二年（1645）五月，多铎率清军平定了江南，随即便拜谒明孝陵，标志着清廷取代了明朝，接管了官方拜谒孝陵的仪式。此后，顺治十四年（1657）二月十一，为明崇祯帝立碑于陵前。顺治十六年（1659）十一月，命工部修葺明陵，并遣官祭明十一陵。顺治十七年（1660）九月二十五，顺治帝又谕礼部，今后除万历陵外，故明诸陵每年春秋二次由太常寺差官致祭。[①]此时的清廷祭陵与其说是一种对汉族臣民的笼络手段，不如说是清廷对立国合法性的宣告。因为由新朝官方祭祀往代帝陵，意味着新的正统承祧的发生，因此，清朝对于明陵的官方祭祀，也就意味着中华正统继承权的转移。

二、遗民谒陵

作为明正统遗绪的南明弘光朝廷亡于异族，清朝接手了明陵的祭祀权，这对于士人来说，是非常大的心理冲击，不仅是亡国的伤痕，更是族群文化正宗沦丧的警告。所以，明末儒士对于"忠义"的想象近乎苛刻，在明亡之际才有空前绝后的大批儒士自杀殉国现象，其中甚至不乏大量集体自杀的事件。《左传·晏子不死君难》云："君为社稷死则死之，为社稷亡则亡之。"众所周知，明朝末帝崇祯因皇城失守而自杀，从这个意义上，大批民众跟从自杀并非愚忠，而是对于儒家信仰的追随，是文化认同的极端表现。虽则崇祯皇帝也并非直接死在清人手中，但清人在辽宁一带与明朝廷长期对峙，"辽患"是明朝崩溃的极重要原因之一，因此，明清仇隙一说理所应当。更何况，"华夷有别"的观点在儒士之中已根深蒂固，再加上"五常八德"的儒家立身之本，因此，明亡和南明亡后，江南未死的士人中又掀起了效仿夷齐采薇首阳的遗民高潮，以示既忠于儒家传统的理想，又忠于这种传统所承认的正统王朝。而在抗清人士和遗民心中，明皇陵仍然是故国旧君的化身，是表达和寄托故国之思的最佳凭借。

顺治十一年（1654）正月，张名振、张煌言等南明势力率师攻入长江抵江宁近郊，就曾登金山望祭明孝陵。顺治十六年（1659）五月，郑成功军入长江，十五日亦祭明太祖、崇祯帝、隆武帝。至于明遗民，更大都有谒陵或哭陵的经历。顾炎武是谒陵遗民的典型代表。他一生七谒孝陵、六谒思陵。他北游后可

① 林铁钧、史松主编：《清史编年》第一卷，前引书。

以几十年不祭扫父母墓，妻子死只临风一哭，却总不忘拜祭明陵。明亡后，顾炎武曾加入抗清起义军，为收复苏州城而战，不克而返。顺治八年（1651）春，顾炎武侨居南京钟山（蒋山）之下，号蒋山佣，以明太祖的守陵仆佣自居，初谒孝陵，作《恭谒孝陵》："流落先朝士，间关绝域身。干戈逾六载，雨露接三春。患难形容改，艰危胆气真。天颜杳霭接，地势郁纡亲。"此诗明显透露出抗清之志。两年后，顾炎武又分别于二月和十月两度谒陵，并绘《孝陵图》，作《再谒孝陵》《孝陵图》诗各一首。再一年后，作《侨居神烈山下》，自称"犹余伯玉当年事，每过陵宫一下车"。顺治十二年（1655）到十四年（1657），顾炎武坚持每年一次谒陵，谒陵已成为他在南京生活的常态。几年后，他虽然已去往北方生活，但顺治十七年（1660）年秋，依然重返南京，第七次谒陵。谒见孝陵，向明朝开国帝王朱元璋倾诉亡国之痛，已成为其遗民生活的精神支柱。

顾炎武谒陵标举的只是时代的一个缩影，同时代同经历士人不胜枚举。康熙七年（1668）正月初四日方尔止等结伴到孝陵，在明太祖遗物前祭拜，赋写感怀诗。屈大均三谒孝陵，曾遇驻防清兵砍斫陵殿木柱，自出钱乞求免去毁坏之灾。明帝陵为遗民们提供了一个祭奠记忆的思想空间，相较于同时期清廷谒陵功利性的作态，遗民们的行为更具有一种文化的感召力，也成为凝聚遗民社会、标志遗民身份的象征，甚至影响着身边关联紧密的晚辈的情感取向。比如名剧《桃花扇》作者孔尚任，就在父执辈的影响下，拜谒明孝陵时，有了类似的情感认同。

孔尚任是孔子第六十四代嫡孙，出生于顺治五年（1648），清军入关之后，但其父孔贞璠崇尚气节，入清后，他绝意仕宦，和明朝的遗老们多有交往。孔尚任在父亲以及父友贾应宠、族兄孔尚则等人的影响下，对南明遗事有了初步认识。康熙二十一年（1682）秋，康熙帝至曲阜祭孔，三十四岁的孔尚任应六十七代衍圣公孔毓圻之请，办理襄祭事宜，并被选为御前讲经人员。他的讲说得到康熙的认可，得以从优额外授予国子监博士。在康熙驻曲阜期间，他得到了康熙的称赞、垂询、赐茶、破格授官，这些突如其来的荣耀使他对康熙的知遇之恩感戴不尽。康熙二十五年（1686）七月，孔尚任随工部侍郎孙在丰，到淮扬一带疏浚黄河海口。在河工未动，滞留扬州期间，孔尚任对南明王朝有了进一步认识。他常驻扬州，而这座四十多年前史可法率领军民坚持抗清的名城，其遗民遗物都提供了当年明清斗争的一些实况。其在《桃花扇凡例》中自述写作态度是"朝政得失，文人聚散，皆确考时地，全无假借"。而为了让《桃花扇》所呈现的历史更精确，孔尚任经常举办文会，遍访遗老，去扬州和南京两地实地考察南明史迹，倾听遗民讲述南明往事，曾谓自己"生平知己，半在维扬"。

康熙二十八年（1689）七月，他渡江到南京，约友人游秦淮、青溪，过明故宫，拜明孝陵，并写下："夕阳红树间青苔，点染钟山土一堆。厚道群瞻今主拜，酸心稍有旧臣来。"其中将近来声势浩荡大出风头的康熙谒陵与零星冷清的遗民谒陵并置，"群瞻"与"稍有"，两相对照，今昔盛衰，大有黍离之悲风，悼亡之意。

三、清帝谒陵

轰轰烈烈的遗民谒明陵行为到康熙前期渐渐淡去，而清朝官方对明陵的祭祀却进入了高潮。这两者之间的此消彼长存在着微妙的联系，一方要以此作为追忆故国衣冠的坐标，另一方则要借此创造新帝国未来的记忆，从而抵消对方的记忆阐释所可能引发的负面影响。

刚从最后残留的明势力手中接收台湾，康熙二十三年（1684）康熙便开始了首次南巡，其中重要的一项活动，便是至南京谒明太祖朱元璋的孝陵。此后，康熙六次南巡，除第四次让大学士马齐代祭之外，每次都亲自前往祭谒孝陵。《清史稿》载：康熙"二十三年，南巡，道江宁，诣明太祖陵，拜奠。谕有司巡察，守陵人防护。越五年，巡会稽，祭禹陵，祝文书御名，行三跪九拜礼。暨江宁，祭明太祖陵，如祀禹仪。凡时巡祭帝王陵寝，仪同祭庙，率二跪六拜，兹盖殊典云"①。

王士禛在《池北偶谈》中详细记录了康熙谒陵的程序："上由甬道旁行，谕扈从诸臣皆于门外下马。上行三跪九叩头礼。诣宝城前，行三献礼。出，复由甬道旁行。"祭拜其他帝陵不同，康熙帝对明孝陵执行"殊典"——"三跪九叩"，此乃大祀之礼（同享由中祀破格为大祀待遇的还有祭祀孔庙）。这样的谦逊礼崇行为，自然轻易俘获了江南旧臣与百姓的广泛好感——"父老从者数万人，皆感泣"。张玉书更在《圣驾诣明太祖陵颂》的序文里大赞此乃"千古盛德之举"，同样记录了围观人群中"于时垂白之叟，含哺之氓，罔不感仰圣仁，至于流涕"。康熙三十八年（1699），康熙第三次谒陵，作《过明太祖陵有感》一诗，称朱元璋"拔起英雄草昧间，煌煌大业岂能删"，御笔亲书"治隆唐宋"四大字，制匾悬于殿上。此次谒陵，同样引来观者如堵，好评如潮："銮舆三幸江南，不独黎元比屋被泽，即山川百神，亦罔不欣悦而加礼，明陵尤属旷典。大圣人行事，真足超轶百代。"②此即孔尚任所谓的"厚道群瞻今主拜"，谒陵的焦点不再是具有象征意义的明孝陵本身，而变成了来谒见明朝帝陵的清朝皇帝。抛开康熙皇

① 《清史稿》第10册，前引书，第2529页。

② 王前华整理：《孝陵石碑碑文及刻石文字》，见中山陵园管理局、南京孝陵博物馆编：《明孝陵志新编》，黑龙江人民出版社，2002年，第268页。

帝的内心想法，这确实是一场效果出色的政治表演，孝陵是背景绝佳的戏台，演员是康熙皇帝，观众是围观的国家子民。吴润凯指出其背后有着消磨民族矛盾的深刻含义：

> 正如康熙谒陵所产生的政治反响一样，清帝礼重孝陵乃至亲自谒陵首先追求的是文化归化与满汉认同。清军入关遭受普遍抵抗，特别是文风阜盛的江南一带的浴血奋战，主要原因并不是基于王朝兴替的动荡，而是源于满族的夷主身份为汉族文化所不容。当清廷明白这一点之后，他们便由最初的杀戮而转向拉拢。其中最重要的方面就是主动接受中原文化，改造自己的民族性，消除夷夏、满汉的分野，以求在文化上将自己打扮成合法的继承者。康、乾南巡固然有逸乐的一面，但也是进行政治与文化表述的大好时机。明孝陵为此提供了舞台。借谒陵来阐明正统性与合法性是最好不过了，这就有如直系亲属之祭祖。①

清帝对于谒明陵权力的接管意义重大。纳日碧力戈指出："在同一时间、同一地点按照一定的规则行事，'集体节奏'把人们的活动置于共同的分类体系中，使他们的主观世界和客观世界整合，视现存文化和制度为自然，并把这种认同融化在血液中，落实在行动，这就是所谓的'社会习性'（habitus）。"②当清帝谒明陵成为一种规定性的仪式，汉族民众的"社会习性"便自然而然地养成，使得他们亦积极地参与到这一集体节奏中，视清帝谒明陵为自然而然的事情，对于清廷正统的认同也就在这种自然而然中生发出来。

四、遗民之后的士人谒陵

面对遗民对明陵文化记忆指向过去的阐释和清廷高调的指向未来的文化续写者姿态，新一代士人们的选择关乎着此两者文化角力的结果。王明珂指出："生活在资源竞争与分配关系多变的现实社会中，为了个人或群体利益，个人经常强调或调整自身的认同体系。……个人与族群内外人群的互动经验，也影响个人哪些记忆被强化，哪些记忆被获得、修正或遗忘，如此造成个人族群认同的维持与变迁。"③远离了南明抗清的年代，模糊了民族仇恨的一代人，如果再慢慢缺失了亲友家族间对鼎革之际血腥的"沟通记忆"，那么，他们的选择也就不难理解。一个不可否认的事实是：清帝谒陵所引起的官民互动无形中消解了遗

---

① 吴润凯：《谒明孝陵：萧条异代不同悲》，《书屋》2007年第6期。
② 纳日碧力戈：《现代背景下的族群建构》，云南教育出版社，2000年，第34页。
③ 王明珂：《华夏边缘——历史记忆与族群认同》，前引书，第266页。

民的持续影响力。

在个人和社会群体的回忆实践中，"文化记忆"和"沟通记忆"的形式和实践是相互依存的，所以当某些方面的价值有所提高，另一些方面的价值有所下降，更有一些别的方面被补充进来的时候，"文化记忆"形态本身——至少在较长的时间里——也会发生演变。[1]沟通记忆的缺失导致了文化记忆的逐渐转变。于是，在康、雍、乾、嘉几任清帝在位时，士人谒陵的感受已由遗民时代的悲悼故国渐渐转变为历史旁观者的怀古之思。

生于康熙元年（1662）的陈鹏年，于清康熙三十年（1691）举进士，曾历任浙江西安知县、江宁知府、江苏布政使，对于江南遗事遗民不可谓不熟，但时代的距离感，使他对孝陵的认识，比之早生十几年的孔尚任更为不同。他在《再谒孝陵》中对康熙谒陵感恩戴德："今王崇礼事非常，榱桷重新俎豆香。闻道乘舆亲拜谒，遂令守土饬蒸尝。黄封十幅褒弥重，青史千年道益光。不独普天皆感泣，端知玉历格穹苍。"此时孝陵让他洒泪的缘由，只在于对兴亡更替的感伤："瞬息兴亡金鉴在，不胜吊古泪沾巾。"清初的血腥记忆在陈鹏年这些隔代士人的心中已经渐行渐远，他们所见均是清廷开科取士、礼贤遗民、拜谒孝陵等政策。因此，孝陵的文化记忆和民族仇视的在场感在他们心中逐渐消失也就不难理解。对于他们来说，帝王的姿态构建起一种新的帝国正统记忆，这种新鲜的记忆足以消解那些陈年的血迹。就此，在这场围绕着明陵祭祀展开的文化角力中，遗民声音越来越小，清廷的身影越来越高大，结果是显而易见的。清廷压倒性的胜利也就宣告了遗民时代的结束。

此后，雍正虽未亲谒孝陵，但仍继续了乃父政策，刚一登基便访明朝皇室后裔奉祭享。雍正二年（1724），十月初八，又以明太祖代简王之后朱之琏为一等侯世袭，令其与旗人至北京，入正白旗，每年春秋二季，由礼部官员同往祭明太祖陵及昌平十三陵。等到乾隆帝效仿其祖亲自谒陵时，其已理直气壮地在祭文中写道："殿宇常新，缅胜国开基之烈；松楸勿翦，见我朝列圣之仁。""胜国"与"我朝"的承续已经名正言顺，身为清帝来谒见前代帝陵已不再是治统继承者表演的政治大秀，而成为帝王的慷慨怀"仁"之举了。

五、尾声：挑战清廷的谒陵

然而，富有历史意义的是，关于明陵的文化记忆并未就此结束。太平天国、

---

[1] 扬·阿斯曼：《集体记忆与文化认同》，转引自哈拉尔德·韦尔策编：《社会记忆：历史、回忆、传承》，李斌等译，北京大学出版社，2007年，第6页。

辛亥革命，在各种挑战清朝权威的运动中，明皇陵一再成为号召汉人斗争的民族旗号。由此可知，清朝帝王们创续的"继承"形象并未完全终结关于明陵的集体文化记忆，它只是化作潜流，分散留存在个体记忆里，一旦为新的火种引发，便又汇聚成新的集体记忆，发现和重构历史。

太平天国时期洪秀全亲率文武百官祭谒明孝陵，并发表《祭明太祖陵寝文》："昔以汉族不幸，皇纲覆坠，乱臣贼子皆引虎、引狼以危中国，遂使大地陆沉，中原板荡。朝堂之地，行省之间，非复吾有，异族因得以盘踞，灵秀之胄，杂以腥膻，种族沦亡，二百年矣。"①在这里，明朝与汉族画上了等号，洪秀全发出振兴汉族的呼声，将自己塑造成朱元璋的后继者，更附加上汉族救星的民族含义。

对此，其时的清廷再次施展了精彩的文化危机处理。不同于清初避遗民之锋的做法，这次，矛头直指太平天国政权动用武力以至于毁坏孝陵的罪行，并表明，若不是己方重加缮治，"殊不足以肃禋祀而昭优礼"，因此在平乱后派出大臣致祭修缮。而事实是，孝陵被毁是两军兵戎相见共同造成的后果。

辛亥革命时期，革命党人为推翻清政权，再用朱元璋讨伐元朝的口号，号召汉人"驱除鞑虏，恢复中华""光复汉族，大振国权"。此时，明遗民被策略性地赋予"过古革命家"的美名，因为他们可以调动起二百多年前的族群文化记忆。顾炎武们恸哭孝陵的身影，在此被定格为革命与反叛的意象。1912年，中华民国建立。丘逢甲谒孝陵，作诗曰："郁郁钟山紫气腾，中华民族此重兴。江山一统都新定，大纛鸣笳谒孝陵。如君早解共和义，五百年来国尚存。万世从今真一系，炎黄华胄主中原。"此处的中华民族是狭义的，等同于后文中的"炎黄华胄"，仅指汉族，诗中透露出汉人重夺政权的意气风发，大有告慰朱元璋之意。

1912年2月12日，清帝宣布退位。三天后，孙中山亲谒明孝陵，以汉族重光告慰明祖在天之灵。明太祖在孙中山等"革命人"心中不仅仅是最后一个汉族正宗王朝的创始人和政权、文化化身，更成为从蒙元"蛮夷"手中恢复汉族政权的前辈英雄，因此他们告慰英灵："雄心已雪先朝辱，大义竟亡九世仇。"虽然其后孙中山屡屡调整民族政策，力图不止于狭隘的民族偏见，而谒陵当时，仍怀三百年来终光复汉族中华的情结。

至此，谒见明陵的众多元素文化图谱已经完整再现。遗民谒陵的群体行为是基于久远的中华文化记忆与当下亲友殉难的沟通记忆共同作用，将明陵当作国家和文化正统的象征；而他们的行为又成为一种社会记忆为后人所追忆、效

---

① 吴润凯：《谒明孝陵：萧条异代不同悲》，《书屋》2007年第6期。

仿、利用、扩容，甚至成为重构文化记忆的钥匙。至于清朝帝王的谒陵，除了昭示其政治抱负以外，也创造了新的帝国记忆，将明陵符号从狭隘的民族空间导入更高层级的国家历史，通过这些仪式化的表述，将自己写入了中国帝位传承的谱系之中，接续起了中国政权的正统历史。无论其用心为何，其客观效果都展示着，他们将自己对于上古至自身的权力传承的理解，写入了中国国家形成的历史，获得了后世的承认。

小 结

从对历代帝王的祭祀到对明代帝陵的尊奉，清帝的表述行为都无疑在演绎着他们对于中华帝王谱系的理解甚至建构，同时也向天下臣民昭示了他们对这个谱系的认同，与跻身其中的自觉。这一谱系是中国正统的传承，在他们的理解中更是合政治与文化正统二而为一的载体，所以念兹在兹，苦心经营。更有甚者，他们不仅要将自己融入帝王家庙，还将自己对于国家的构想，对于臣下的要求也一并昭示于其中。

黄爱平就指出，清代帝王在为历代帝王庙选择配飨从祀的名臣时，特别强调以忠君与否作为最重要的条件。"明代入祀的历代名臣最终为三十二人，而清代增加至七十九人，新增的历代名臣中，汉代的马援、赵云，唐代的陆贽、裴度，宋代的寇准、范仲淹、司马光、文天祥，明代的于谦、刘大夏等，无不以忠君、忠义著称，选择这些忠义之臣配飨从祀，就是要表彰忠臣，褒扬忠义，树立尽忠报国的典范。……不仅如此，清统治者在强调人臣无条件忠君的同时，还尤为注重树立君主的绝对权威。这一点，从配飨诸臣称谓的变化即可看出。明代对从祀的历代诸臣，皆称之为'名臣'，而到清代乾隆以后，则将其改称为'功臣'。一字之差，实际上反映了专制权力的无限膨胀和君主凌驾一切的绝对权威。"[①]而历代帝王庙中对关羽的单独祭祀更能体现这一特点。作为忠义完人，关羽的地位超然于其他配享诸臣之上，采取"庙中庙"的形式，在帝王庙西南院内，单独建造关帝庙予以祭祀。这种特殊待遇，无疑反映了清统治者极力褒奖忠义，借以维护统治的良苦用心。

---

① 黄爱平：《清代的帝王庙祭与国家政治文化认同》，《清史研究》2011 年第 1 期。

第四章

「忠臣」谱与「贰臣」谱

追溯清帝王的表述行为，清晰可见的逻辑是：帝王有帝王的传承，臣子亦有臣子的谱系；帝王有一以贯之的道统接续使命，臣子亦有"忠义"的一致要求。这样的构想要实现，对于清朝帝王而言并不容易。因为清朝帝王的政治任务是建立一个多族群的统一帝国，而他们同时还担当着维护满族独特性的传承任务。作为统治集团所属的满洲族群与占据全国绝大多数人口的汉人族群，两个族群之间的矛盾、分裂的威胁使得历代清帝在处理族群的问题上如履薄冰。满洲相对于汉人而言，无论是文化还是经济人口都是边缘集团，然而在政治上他们是统治和精英集团。所以，作为统治者的帝王无法忘记自己的族群性；甚至，在汉人集团统治汉人时消融于无形的汉族族群性也在失去政治优势时浮出水面。因此，清朝统治者们的戒备和防范是有理由的，从顺治元年（1644）入关到清末，汉满之间的矛盾一直存在，只不过忽隐忽现，一百年后的事实也证明，汉人根深蒂固的文化正统观导致汉族知识分子仍然把对清廷的愤恨发泄到满人身上，提出"驱除鞑虏"的排满口号。

同时，在进入中原地区之前，清代帝王就对明臣被俘拒降的精神内核感到由衷的羡慕和期待。努尔哈赤攻下辽阳时招降明巡按御史张铨，皇太极招降大凌河之战中俘获的明将张春，两人均坚决拒降。皇太极于是问范文程为何招降武将不难，而要招降文臣却如此不易，范文程回答说："文臣读圣贤书，忠孝名节生平所学，所以危不爱身，不欲负国家养士之报也。"皇太极听后，非常兴奋，"跃起"感叹道："为人臣子不可不读书，朕见张春果然。"并"由是悉令诸王贝勒旗下子弟皆遣就学"①。从此，教导臣下"读圣贤书"，评价臣子的"忠孝名节"，成为清代帝王掌握帝国权柄的新法宝。

基于这种背景，清代帝王与历代帝王一样，都特别强调"忠"。作为王朝时期的国家认同标志，忠君思想在中国可谓源远流长。在思想领域，孔子立纲常而有八德，孝、悌、忠、信、礼、义、廉、耻。到汉代董仲舒将"忠"的伦理范畴转义为重要的政治道德范畴，其含义主要是指对君主忠诚，宋儒程朱之后，"忠"成为中国传统社会的最高道德，位于三纲五常第一等级。在史传传统中，自班固的《汉书》以下，《晋书》、两《唐书》、《宋史》《金史》《元史》《明史》《清史稿》都设有《忠义传》，表彰前贤、激励后人。忠君是清兵还未入关之时就分外青睐的汉人美德，从皇太极开始，清帝们便指派专人大量翻译儒家经典，任用汉人儒士为参谋；清帝对臣下的效忠要求也就由努尔哈赤时期的奴隶式强迫服从，转变为深深蕴涵传统儒家道义的身份认同。入关之后，以中国正统自

---

① 左懋泰：《张公传》，参见张玉兴：《张春及其〈不二歌〉》，《清史研究》1992 年第 4 期。

居的清帝，不仅开科举，定程朱理学为官方正统，连满蒙翻译科考试，出题亦出自四书①，切实践行了中国历史特色——"前一帝国留下的制度与意识形态遗产，是后一帝国赖以建立的基础，后者能够借之宣称自己是前者的合法继承。……对清朝的建立者与统治者满洲人来说，采用中国的政治意识形态与制度，是其被汉人接受并得以建立有效控制的手段。"②这是中国政治的延续性，也正是这种延续性缔造了历史中国的意识，或者说国家认同。

第一节　表彰忠臣

乾隆三十一年（1766），一反之前将弘光以后的南明政权视为伪政权的做法，乾隆帝宣布将南明弘光政权定为明朝正统，将唐、桂二王政权定为明室遗绪。他说明至崇祯，其统已亡。然福王之在江宁，尚与宋室南渡相仿佛，即唐、桂诸王，亦与宋帝昺、帝昺播迁海峤无异。若称之为"伪"，则所谓矫枉过正。而今天之所以要拨乱反正，是因为要平情而论明末诸臣，他们的节义"究不容掩。朕方给予褒奖，岂可概以为伪臣看待"。③君主因为臣子而得以承认，为表彰南明忠烈扫清了障碍，这一表述，可谓奇特，究其原因，其实为清帝构建统一的国家叙事的又一举措。

乾隆帝对明季忠臣重作评价，称在明清之战中殉国的史可法、黄道周等人与宋末文天祥、陆秀夫"实相仿佛"，是"支撑残局、力矢孤忠"的"一代完人"。④乾隆对于原敌国将领的褒奖，当然是"崇奖忠贞，风励臣节"的措施，要求臣民效仿前人，效忠国家，也由此宣告"天命已移"，清朝合法性已然得到承认，成为正统的中原王朝。在这里，明清政权的敌对关系已经成为过去，代之而起的是一个历史谱系——清朝跨越了民族血缘成为明朝正统的继承人。清代的帝王们成为历代帝王庙的祭祀权所有者，成为明代皇陵的管理者，同样的，在这个谱系中，当然也就少不了历代忠臣的位置。尤其是明朝的忠臣们，更要大肆嘉赏——帝王作了帝王的接班人，忠臣也应当成为忠臣的接班人。而作为曾经的抗清名士的孤臣史可法，更是一座具有典型意义的丰碑。

乾隆四十一年（1776），清朝官方出面在扬州为史可法建祀立碑，题像赋诗，

① 商衍鎏：《清代科举考试述录》，故宫出版社，2014 年，第 237 页。
② （美）王国斌：《转变的中国——历史变迁与欧洲经验的局限》，李伯重、连玲玲译，江苏人民出版社，2005 年，第 82-89 页。
③ 常建华：《乾隆事典》，紫禁城出版社，2010 年，第 269 页。
④《清实录·高宗纯皇帝实录》第 13 册，前引书，第 316-317 页。

乾隆帝赐谥史可法"忠正"，并亲自为史可法札稿题诗道："纪文已识一篇笃，予谥仍留两字芳；凡此无非励臣节，监兹可不慎君纲！"[1]在敕赐专谥文里，乾隆又赞史可法"砥行能坚，秉诚克裕，遭时坎坷，恒仗节以无挠；殉义从容，竟捐生而不悔"。于是，史可法作为为国尽忠而死的国家英雄形象明确起来，成为清帝苦心编织的忠臣谱的代表性人物。

但是，曾经在清朝初年因剃发令而起义抗清的汉人士绅眼里，史可法却不仅仅是明朝的忠臣，他的身上更多是带着汉人被血腥屠杀的惨痛记忆，被塑造成为民族英雄。在南明对清的作战中，史可法死守扬州不降，阻挡了清军一统中国的计划，为自己招来杀身之祸，也为他坚守的扬州城招来大屠杀的命运。南明被颠覆之后，清廷官方坚定地实施剃发令，极大冒犯了汉族人民的文化尊严，导致各地世庶百姓纷纷起兵反抗，已死的史可法却成为一面反抗的旗帜。其时，在民间一直有史可法未亡的消息传出，顺治五年（1648），安徽宣城人朱国材冒充史可法号召汉人反清复明，生员祖谦培、沈士简等十余人着"头巾蓝衫"前去谒见，共同谋划。这足以说明史可法在汉人士绅眼中的重要象征意义。而当这起"伪史阁部案"发生之时，清朝廷立即派人逮捕了史可法的母亲、妻子以及弟妹等家眷。对此，戴名世在《乙酉扬州城守纪略》中记录道："岁戊子，盐城人某，伪称史公，号召愚民，掠庙湾，入淮浦，有司乃拘系公母妻江宁。有镇将曰：'曩者淮扬之下，吾为前锋，史公实死吾手。贼固假托名李者，行当自败，何必疑其母妻哉？'乃释之。"清廷这种对已亡败军之将的恐慌，更从侧面反映了史可法的巨大号召力。

其后，史可法被广泛书写，从笔记史传到诗词小说戏曲，无所不有。全祖望名作《梅花岭记》，戴名世作《乙酉扬州城守纪略》，都记录了史可法忠烈殉国的全过程。遗民周岐有诗《吊故相国史道邻先生》："举目河山势已更，当年百战此危城。恨留一矢浮图著，臂刺孤忠血迹明。掷杖长怜夸父没，挥戈难起鲁阳生……"韩绛祖亦有《扬州哭史督辅老师墓》，云："权臣内擅外强藩，来往江淮一旅屯。马革空留酬义骨，龙冉追从鉴忠魂。运移诸葛终无效，力尽睢阳又绝援。梦里旌旗催北渡，孤坟何不葬中原。"从"孤忠""绝援""孤坟"等表述中，我们可以看到一个统一的书写意向：即都将史可法塑造成为一个孤军作战，明知不可为而为之的"孤忠"形象。而这一形象，很自然地与"君降臣不降"的文天祥重叠起来。两个形象的重叠起自南明斗争正烈时的民间传说。吴伟业就在出仕清朝前一年（1652年）写成的《鹿樵纪闻·史可法殉扬》中记

———————

①《清实录·高宗纯皇帝实录》第 13 册，前引书，第 868 页。

载了史母"梦文信国入其舍而生可法"的传说，并以野史氏的身份评价道："古人言'从容殉节难，慷慨死义易'。以余观之，忠孝实根至性，必非一时所能勉也。史督师当国步艰难，鞠躬尽瘁，死而后已，拟节文山。"[1]在这样的传说中，史可法成为文天祥转世，也解释了史可法何以能如此坚定地固守"忠孝"原则。而此民间传说之广，影响力之大，以至于清朝官修《明史》中也做了同样的记载。

实质上，不仅仅是史可法被比作文天祥，明清斗争激烈之时，文天祥被文人书写塑造成为共同的精神偶像。如1645年原任苏松巡抚山阴祁彪佳却聘清朝，作绝命词曰："虽然，一死于十五年之前，一死于十五年之后，皆不失为赵氏忠臣。予小儒，惟知守节而已，前此却聘一书，自愧多此委曲。然虽不敢比踪信国，亦庶几叠山之后尘矣！"[2]信国即文天祥，叠山乃谢枋得，两人同为南宋忠臣，但宋亡后，谢由于不敢先母而死，比文天祥晚死十五年，因此在"忠"的评价等级上不及文氏。祁彪佳此处便以谢枋得自比，言其甲申未殉难而乙酉身死，由此也可看出其对文天祥的景仰更深。右金都御史袁继咸被出卖，为清军所擒，坚决拒降，被押赴北京。其先欲效谢枋得饿死以全节义，但未成功，喟然叹曰："天不欲余为叠山，敢不为文山哉？"并赋诗述志："衰年哀二老，一死酬至尊。从容文山节，谁招燕市魂。"拘押北京囚禁后，清廷仍不断派出其门生故旧以高官厚禄劝降，均遭严词拒绝，又仿文天祥《正气歌》作《正性吟》以明志，其中亦称："越在宋季，文山叠山。成仁取义，大德是闲。"于是被杀。死节南京的弘光朝尚书黄道周，更旗帜鲜明地提出："磊磊轩天地、旗今古，则必以文信国为正焉。"其绝命词更云："乾坤有半壁，何忍道文山"[3][4]

《小腆纪传》记死难于舟山的鲁王朝大学士张肯堂绝命诗云："虚名廿载着人间，晚节空劳学圃间。漫赋归来惭靖节，聊存正气学文山。君恩未报徒忧瘁，臣道无亏在克艰。传与千秋青史笔，衣冠二字莫轻删。"[5]将文天祥与"衣冠"联系在一起，其民族意义不言而喻。《海东逸史》载会稽进士鲁王时礼部右侍郎余煌绝命词云："穆骏自驰，老驹忽逝。止水汨罗，以了吾事。有愧文山，不入柴市。"[6]复社领袖、无锡士人杨廷枢，因不剃发而被逮，被杀前留其血衣遗书云："负纲常名教之重任，愿为宋室文文山。"又言："余自幼读书，慕文信国先

① 吴伟业：《鹿樵纪闻》，上海书店，1982年。
② （清）徐芳烈：《浙东纪略》，浙江古籍出版社，1985年。
③ （清）计六奇：《明季南略》，前引书，第314页。
④ 详见本人论文：《"忠臣"与"烈士"：清王朝的治国方略与汉族认同》。
⑤ （清）徐鼒：《小腆纪传》，前引书，第403页。
⑥ （清）海东逸老（翁洲老民）：《海东逸史》，转自（明）蒙正发等著：《三湘从事录》（外二种），北京古籍出版社，2002年。

生之为人，今日之事，乃其志也。……遍体受伤，十指俱损，而胸中浩然之气，正与信国燕市时无异。"又模仿文天祥《正气歌》做绝命诗数首。①此处的"文天祥"又成为"纲常名教"的代言人，尤显时人对儒家传统道德的看重。

而将文天祥民族英雄的形象推至高潮的，当数浙江举人南明兵部尚书张煌言。黄宗羲亦评其"有文山气象"予以特别褒誉。张煌言是一个有民族自觉的儒将。他明确在代延平王拟的《海师恢复镇江路檄》中宣布出师目的是"出生民于水火，复汉官之威仪"，并正告降清者："尔伪文武将吏，皆系大明赤子，谁非中国绅衿，时穷势屈，委质雾廷，察其本怀，宁无隐忍？"甚至还号召蒙古、女真人等，"共在天地覆载之内，亦有同仇。无怀二心，视之一体"。其泾渭分明的民族意识已可见一斑。相似的人生际遇，使张煌言选择了以文天祥自励。时清朝浙江总督赵廷臣曾试图招降之，他答之以"功名富贵既等之浮云，成败利钝亦听之天命，宁为文文山，不为许仲平"（许仲平入元后官至中书左丞）。被捕后唯求速死。其写于狱壁的《放歌》，可谓文天祥《正气歌》的续篇："予生则中华兮死则大明，寸丹为重兮七尺为轻。予之浩气兮化为雷霆，予之精魂兮变为日星。尚足留纲常于万祀兮，垂节义于千龄。"其遗诗中更有"叠山迟死文山早，青史他年任是非"之句表明心迹。②

由上述例子可知，文天祥成为抗清众人的一致选择，绝非偶然，并且其被选择的原因在书写中被越来越清晰地传递出来，这是出于文化类同记忆的选择。王明珂指出：

> 在一个人的社会生活中，这些对过去的记忆形成个人心理上的一种构图（schema），当个人作为某群体的一分子，与外在世界的个人或群体互动时，透过这心理构图的回忆（remembering），个人得以建立其社会认同的体系。这样的回忆常是集体性的，也就是社会人群经常集体选择、活化（activate）并强化特定的社会记忆，以凝聚成员彼此的认同。③

宋元之争与明清之争惊人地相似，南宋诸臣与南明诸人的处境极度地雷同——同为华夷之战的性质，同样夷强华弱力图恢复的处境，使南宋记忆在南明诸臣、汉族诸士的心中复活。文天祥形象的特殊性在于，当时的南宋皇帝和太后均已向蒙古投书称臣，自削帝号，但是文天祥却并未因此而放弃自己的立场，当元相问其"弃德祐嗣君而立二王，忠乎？"文天祥则对曰："当此之时，社稷

---

① （清）计六奇：《明季南略》，前引书，第256-257页。
② 参见钮琇：《觚剩·卷一·吴觚·布囊焚余》，黄宗羲：《海外恸哭记·附录二张元箸先生事略》。
③ 王明珂：《华夏边缘——历史记忆与族群认同》，社会科学文献出版社，2006年，第45-46页。

为重，君为轻。吾别立君，为宗庙社稷计也。"①此所谓君降臣不降的背后是效忠对象的转变，这里效忠的已经不再是"君"，而变为"宗庙"朝廷，更进一步说，已经不再是名存实亡的宋朝廷，而是"社稷"中国。君、宗庙、社稷，实质上是王朝中国国家认同的三个层次。"王朝"是"国家"在中国封建时代的一种主要和重要的形式，在漫长的历史中，王朝认同是国家认同的核心。姚大力认为这种国家认同由三个层面构成：第一个层面，体现于对在位专制君主的忠诚。第二个层面，聚焦于维持着属于某一姓的君主统系的王朝。宋代开始大力强调在改朝换代时前政权的参与者不应再为新王朝服务的观念。王朝认同的增强，使得遗民行为和遗民心态在宋和宋以后每一个王朝的覆灭时期都成为一种突出的社会现象。第三个层面是"中国"认同和正统意识。王朝有兴有灭，前后相继，于是出现了超越某个具体王朝而始终存在的一个政治上的观念。这个历时性的政治就叫作"中国"，执掌"中国"的便是正统共主。②在文天祥看来，三者之间分量明显是递增的，也就是他所谓的君为轻，宗庙社稷为重。

历史中以王朝认同为核心的中国认同可以称为"华夏中国"，也就是由汉族王室所传承的正统。按这个理念，或许我们可以认为（或者说在南明士人看来），文天祥所效忠的，正是赵姓宋室所象征的"华夏中国"，也就是由汉族王室所传承的正统。文天祥就义后在其腰带中发现一首诗："孔曰成仁，孟曰取义，唯其义尽，所以仁至。读圣贤书，所学何事？而今而后，庶几无愧。"③这将儒家理想贯彻到底的自述完成了一个儒士完美的人生谢幕，既忠于华夏正宗文化——孔孟之道，又忠于承载着这一文化的外在化身——中原江山，再具体化为握有江山正统继承权的赵氏王朝。这就是南明诸士会将文化记忆投射于文天祥身上的最重要因素。

南明和南宋均为异族所压迫的相同境遇，剃发而引起的文化危机感，使得南明士人最终将文天祥崇高化，使其不仅成为国家的忠臣，更成为族群文化的死士。正如安东尼·史密斯所说："诉诸族群过去的方法，无论怎么空洞含糊，都能激励起'我们的人民'为共同的民族作为自我牺牲的愿望和意志，很少有其他意识形态能在这方面与之匹敌"。④可以说，是战争的族群性使得南宋成为南明书写的主要对象。这样的书写，塑造了族群英雄的典型文天祥，而这个典

① 《续资治通鉴》第十一册，中华书局，1957年，卷一百八十四。
② 参见姚大力：《中国历史上的民族关系与国家认同》，《中国学术》2002年第4期。
③ 《宋史》第36册，中华书局，1977年，第12540页。
④ （英）安东尼·史密斯：《民族主义——理论，意识形态，历史》，叶江译，上海人民出版社，2006年，第87页。

型或者促使南明诸臣模仿其行为，或者使汉族士人将南明诸臣包括史可法等同起来，从而达到延续和强化族群认同与文化记忆的目的。这是族群斗争时期的精神需求——在久远的历史中有文天祥的背影，在现在的时间里也有跟文天祥同样的忠臣烈士。正是在此意义上，史可法和文天祥才成为南明抗清士人标举的二位一体的族群英雄。此后，对此两位理想人物的诠释几乎贯穿了整个清朝的文学书写，然而其内涵却由于对象的不同悄然发生着改变。

随着硝烟散去，一百余年后，乾隆皇帝发出了那份褒奖南明诸臣的谕旨，为了响应官方论调，其时的文人书写重新解读史可法形象也就成为极其自然的事。其中，蒋士铨扮演了重要的角色。蒋士铨生于雍正三年（1725），上世纪中叶兵戎相见、残酷血腥的族群镇压已经不复记忆，对于历史上的英雄节烈、忠臣义士的景仰也仅仅是出于儒士文人的个人道德要求。乾隆三十九年（1774），蒋将珍藏十年的史可法遗像与家书进于乾隆皇帝，乾隆帝命内廷诸臣属和，并沏石扬州史可法祠。蒋五十四岁过扬州，再次凭吊梅花岭祠，写下《梅花岭谒史忠正祠墓》："十六年心事，重来一拜中。天令存画像，圣为表孤忠。遗墨墙碑勒，宸题宝碣奢。梅花含笑处，不与旧时同。"此中，"圣为表孤忠"便是指乾隆皇帝对史可法的多次褒奖，此语一出，就彻底消解了抗清士人笔下史可法作为南明斗士与清廷抗争的意义了。乾隆三十八年（1773），他乞修史可法墓又再次获得了朝廷批准。

乾隆四十年（1775），乾隆帝令记载史可法史事云：

> 夫可法，明臣也。其不屈，正也。不载其语，不有失忠臣之心乎？……惜可法之孤忠，叹福王之不慧；有如此臣而不能信用，使权奸掣其肘而卒致沦亡也！福王即信用可法，其能守长江为南宋之偏安与否，犹未可知；而况燕雀处堂，无深谋远虑，使兵顿饷竭，忠臣流涕顿足而叹无能为，惟有一死以报国是，不大可哀乎？[1]

由行文可知，表彰史可法之忠的目的，其实也是在批判南明朝廷的腐朽无能。更有趣的是，仿佛是在遥远地回应当初将史可法与文天祥合二为一、塑造为族群义士的抗清人士，乾隆对于《明史》记史母梦文天祥而生可法一事，不以为然，他批判道："夫可法即拟之文天祥，实无不可；而《明史》本传乃称其母梦文天祥而生，则出于稗野之附会，失之不经矣。"[2]更有意思的是，此后的

---

① 温睿临、李瑶：《南疆逸史》，中华书局，1959年，御制书事。
② 温睿临、李瑶：《南疆逸史》，前引书，御制书事。

士人们断章取义，自动省略了后半句。清人梁章钜等编著的《楹联丛话全编》便云："我高宗皇帝亦谓'史可法即比之文天祥实无不可'，故严问樵联云：'生有自来文信国；死而后已武乡侯。'自是天造地设语。他有作者，不能出其范围矣。"①如此解读，也不知是士人有心还是无意地唱反调。

当然，不仅仅是抗清士人笔下的史可法，就连他们自己也被清帝纳入国家忠臣谱中，因而黯淡了其原本鲜明的族群色彩。乾隆四十一年（1776），与史可法一起被清廷官方追谥的南明抗清人士与死于"寇难"即明与农民军战争中的人士共二千余人，都被编列入了《钦定胜朝殉节诸臣录》。《四库全书提要》对此书描述道：

> 抗节诸臣生死要为定据；亦详为甄录，追慰忠魂。大抵以钦定《明史》为主，而参以官修《大清一统志》、各省《通志》诸书，皆胪列姓名、考证事迹，勒为一编。凡立身始末卓然可传而又取义成仁、撑挂名教者，各予专谥，共三十三人。若平生无大表见而慷慨致命、矢死靡他者，汇为通谥：其较著者曰忠烈，共一百二十四人；曰忠节，共一百二十二人；其次曰烈愍，共三百七十七人；曰节愍，共八百八十二人。至于微官末秩、诸生韦布及山樵市隐，名姓无征、不能一一议谥者，并祀于所在忠义祠，共二千二百四十九人。②

专谥的 33 人中，除史可法谥"忠正"外，余者如卢象升谥"忠肃"，刘宗周谥"忠介"，祁彪佳谥"忠惠"，陈子龙谥"忠裕"，张肯堂谥"忠穆"，左懋第谥"忠贞"，黄道周谥"忠端"等。通谥忠烈的人中有江阴守城的阎应元、海上抗清二十载的张煌言；通谥忠节的人中，嘉定抗清的侯峒曾父子三人以及黄淳耀、黄渊耀兄弟，因不愿剃发而被杀的杨廷枢，宜兴起事的卢象观，安徽抗清的金声，贵池抗清的吴应箕，死难舟山的余煌和钱肃乐等都在列；通谥节愍者中有与陈子龙一道参与松江抗清的夏完淳、赋绝命诗"保发严胡夏，扶明一死生"的苏兆人等。

而他们被尽谥"忠""节"的目的，在乾隆四十年（1775）十一月初十日关于编辑此书的上谕中得到了非常清晰的表达："崇奖忠贞，所以风励臣节。""以是植纲常即以是示彰瘅。"《四库全书提要》亦称此举的目的在于"以励纲常……浑融彼我、阐明风教、培植彝伦……不独劲节孤忠咸邀渥泽，而明昭彰瘅、立

---

① 梁章钜、梁恭辰：《楹联丛话全编》（史阁部祠联），白化文、李鼎霞点校，北京出版社，1996 年。

② 王葆心等：《钦定胜朝殉节诸臣录蕲黄四十八砦纪事》（合订本），台北大通书局，1987 年，四库全书提要。

千古臣道之防者，《春秋》大义亦炳若日星"①。清廷所要表彰的不是他们为本族存亡和民生而奋斗的精神，而是"念其冒刃撄锋，虽属不知天运，而疾风劲草、百折不移，要为死不忘君，无惭臣节"。②同时还强调清军之所以要斩杀这些对手是因为：

> 明自万历以还，朝纲日紊，中原瓦解，景命潜移；我国家肇造丕基，龙兴东土，王师顺动，望若云霓；而当时守土诸臣各为其主，往往殒身碎首，喋血危疆。逮乎扫荡妖氛，宅中定鼎，乾坤再造，陬澨咸归；而故老遗臣犹思以螳臂当车，致烦齐斧。③

此即一再表示，南明人士的抗清行为其实是不知天命，未顺天运的结果，清廷当时的杀戮也是不得已而为之——"尔时王旅徂征，自不得不申法令，以明顺逆。"随即上谕又指出死节诸臣名节可嘉："而事后平情而论，若而人者皆无愧于疾风劲草，即自尽以全名节，其心亦并可矜怜！"④这表明了官方书写为南明死节士人翻案的正确性，同时也昭示其"大公至正"的胸怀："盖圣人之心大公至正，视天下之善一也。"⑤

更重要的是，仔细考察所嘉奖的忠臣内容，我们就会发现乾隆将崇祯前死节者、南明死节者，甚至"寇难"死节者都放在了同样的位置上，从而模糊了其面对不同他者所呈现的不同效忠对象。

> ……萨尔浒之战，明杨镐等集兵二十万，四路分出侵我兴京，我太祖、太宗及贝勒大臣等统劲旅数千歼戮明兵过半，一时良将如刘𫐄、杜松等皆没于阵。……惟时王业肇基，其抗我颜行者，原当多为狝剃；然迹其冒镝撄锋、竭忠效命，未尝不为嘉悯。又若明社将移，孙承宗、卢象升等之抵拒王师，身膏原野；而周遇吉、蔡懋德、孙传庭等以闯献蹂躏，御贼亡身：凛凛犹有生气。⑥

实际上，身死于三个时期的明朝忠臣其死节的意义是有区别的。"萨尔浒之战"时期，明廷与后金之间的斗争在明人士看来是王朝国家对于地方武装叛乱的平定，是中原正统应对边疆"蛮夷"的战争，矛盾双方是同一国家内不同层

---

① 王葆心等：《钦定胜朝殉节诸臣录蕲黄四十八砦纪事》，前引书，四库全书提要。
② 王葆心：《钦定胜朝殉节诸臣录蕲黄四十八砦纪事》，前引书，四库全书提要。
③ 王葆心等：《钦定胜朝殉节诸臣录蕲黄四十八砦纪事》，前引书，四库全书提要。
④ 王葆心等：《钦定胜朝殉节诸臣录蕲黄四十八砦纪事》，前引书，四库全书提要。
⑤ 王葆心等：《钦定胜朝殉节诸臣录蕲黄四十八砦纪事》，前引书，四库全书提要。
⑥ 王葆心等：《钦定胜朝殉节诸臣录蕲黄四十八砦纪事》，前引书，四库全书提要。

级的行政单位；而南明时期明清斗争则完全演变成为异国异族的交锋；至于"寇难"——农民军与明廷斗争是"下层叛乱"，矛盾双方处于同一国同一族的不同阶级。因此，在这三个阶段死节诸臣的效忠对象是不一样的。明金之争中，死节者效忠的对象是王朝国家；明清之争时则是华夏正统；农民军争斗时，死难者效忠的是王朝统治集团。这是国家认同的三个层次，而乾隆帝宣称："朕惟以大公至正为衡，凡明季尽节诸臣既能为国抒忠，优奖实同一视。"这种统一而论的宣言背后，这无疑消解了南明时期的战斗和书写所掀起的族群意识，这是时代演进的结果，也是清帝统一认同的苦心，是乾隆帝作为合法性得以确立的新兴大一统国家元首的自信，也是湮灭新的国家认同内部多种族群认同间错综复杂矛盾的好办法——从今以后，在清王朝的版图内，只有一种认同："忠"于清朝中国。"忠"的内涵是汉族以及儒家文化所赋予的，却为身为满族代表的乾隆帝用以消解汉族的族群政治意识，以子之矛攻子之盾的手段不得不说是相当高明的。当然，在此之前，他的祖父辈已为这样的结果奠定了深厚的基础。

第二节　批判贰臣

有褒就有贬，清帝前脚模糊效忠对象，对所有忠臣都一并表彰，公布一张忠臣榜单，树立起忠义的"臣纲"；后脚就设置另外一张名为"贰臣"的榜单，把变节不忠的反面教材永久地钉在历史的耻辱柱上。

入关之初，为了尽快顺利地掌控中原腹地，清帝频繁颁布诏谕，规劝明朝官员将吏"投顺"，并对"抒诚来归"的明朝大臣提供优厚待遇，认为其"良可嘉悦"，给予"一体优叙"[1]。降清明臣洪承畴、冯铨等人，确实都获得了清廷的格外优待。雍正帝也在《大义觉迷录》中称赞投顺清朝的明臣"皆应天顺时，通达大义，辅佐本朝成一统太平之业，而其人亦标名竹帛，勒勋鼎彝"。但是，乾隆帝对这种行为的评价却有了根本性的变化。他在表彰忠烈的同时，宣称：

> 至钱谦益之自诩清流，腼颜降附；及金堡、屈大均等之幸生畏死，诡托缁流：均属丧心无耻！若辈果能死节，则今日亦当在予旌之列。乃既不能舍命，而犹假语言文字以自图掩饰其偷生，是必当明斥其进

---

① 《清实录·世祖章皇帝实录》，前引书，第 155-157 页。

退无据之非，以隐殛其冥漠不灵之魄。①

乾隆帝将变节者和遗民们一体呵斥，公开唾弃他们贪生怕死，这是顺、康、雍时代从未暴露的官方态度，不仅显示了乾隆时代帝国内部认同的渐趋稳定，更表现出一个正统君主树立统一的"效忠"对象的意图。

乾隆四十一年（1776）《胜朝殉节诸臣录》完成后不久，乾隆帝又专门下诏，要求在国史中特别设立《贰臣传》，把那些在明朝已出仕为官，其后又投效本朝的"大节有亏"的人物统统收入其中，指出：

> 我朝开创之初，明末诸臣望风归附……盖开创大一统之规模，自不得不加之录用，以靖人心而明顺逆。今事后平情而论，若而人者，皆以胜国臣僚，乃遭际时艰，不能为其主临危授命，辄复畏死偷生，腼颜降附……此等大节有亏之人，不能念其建有勋绩，谅于生前；亦不因其尚有后人，原于既死。今为准情酌理，自应于国史内另立《贰臣传》一门，将诸臣仕明及仕本朝各事迹，据实直书，使不能纤微隐饰，即所谓虽孝子慈孙，百世不能改者……此实朕大中至正之心，为万世臣子植纲常，即以是示彰瘅。②

贰臣现象虽由来已久，但是"贰臣"作为专有名词却出现得很晚。春秋战国时期的历史文献中对相关现象已有记录，如《国语·晋语四》"事君不贰是谓臣"、《国语·晋语九》"委质为臣，无有二心"、《左传·庄公十四年》"臣无二心，天之制也"等，但这些说法也仅仅是触及"贰臣"的所指内涵，并未成形成专有名词，直至乾隆的这封诏书，"贰臣"才创造性地得以成词，从此，"贰臣"之名便被定格，流传于社会，成了不忠之人的同义语。

由于清廷设立《贰臣传》的目的是"为万世臣子植纲常"，故在进行"斧钺之诛"时颇费思量，为了彰显态度慎重，乾隆帝曾多次诏令变更该传体例。现存有《国史贰臣传》《满汉名臣传》附刻《贰臣传》《清史列传·贰臣传》等版本，其中，最常见的《清史列传·贰臣传》共收入 120 人。乾隆四十三年（1778）二月，因"诸人立朝事迹，既不相同，而品之贤否邪正，亦判然各异"，乾隆帝命国史馆将《贰臣传》分为甲、乙两编，对不同品行不同性质的人员再加区别，以示差等。如洪承畴、李永芳等 51 人降清后，"虽不克终于胜国，实能效忠于

---

① 王葆心等：《钦定胜朝殉节诸臣录薪黄四十八砦纪事》，前引书，四库全书提要；王葆心等：《钦定胜朝殉节诸臣录薪黄四十八砦纪事》，前引书，上谕。

② 《清实录·高宗纯皇帝实录》，前引书，第694页。

本朝"，被列为甲编。而江南名士吴伟业、钱谦益、陈之遴、梁清标、龚鼎孳等69人因其行为"进退无据""以诗文阴行诋谤"，俱被收入乙编，并特别立起标靶，点名批判：

> 钱谦益素行不端，及明祚既移，率先归命，乃敢于诗文阴行诋毁，是为进退无据，非复人类，若与洪承畴同列《贰臣传》，不示差等，又何以昭彰瘅？钱谦益应列入乙编，俾斧钺凛然，合于《春秋》之义焉。[①]

乾隆五十四年（1789），乾隆帝又再次下谕命国史馆将吴三桂、耿精忠、李建泰、王辅臣、薛所蕴等人从《贰臣传》中析出，另立《逆臣传》，再彰差等，痛批悖逆。[②]

乾隆帝列"贰臣"已是树立反面典型，又把降清的明臣分为了效忠本朝者、阴行诋谤者、降而复叛者三类，按照其对清朝的忠诚程度来区分其等级与价值。乾隆将为清之开创建立功勋的降清明臣定为贰臣，与追谥因坚决抗清不屈而死的明臣为忠义，是一个问题相辅相成的两方面，目的都是要激励臣下效忠本朝。

《贰臣传》的设立及其编写标准的规定，实则是将要求臣下效忠的道德标准写入了史书，这是前所未有的史学事件。乾隆帝从"忠"与"贰"正反两个方面出击，各立典型，借史家之笔盖棺定论，实则是向臣下强调了作为君主评判臣子的唯一标准：对王朝的忠诚。忠乃儒家大义，臣忠于君，是道治合一的产物，而以此为标准，则排斥了效忠其他对象比如族统的可能。

实质上，同时代士民社会对这些"贰臣"在"华夷"原则上的态度也有过激烈的争论。改投二主，被视为不忠不义失信失礼之最大事，知"耻"就成为这批改变了政治效忠的人群——时人亦称"失节"者——最后的精神安慰。在他们心中，失节已是抹不去的污点，从而，一种耻辱感深刻心中，成为他们共同的伤痕。即便是积极事清如洪承畴者，面对孙兆奎、金声、夏完淳等抗清士人故友同乡的不屑讥讽亦羞愧难当。而他遭到唾骂的故事流传广泛，唾骂他的人多不胜数，甚至旧日学生亦敢在其扫荡江南祭阵亡士兵之时当万人之面展颂《崇祯皇帝御制悼洪经略文》，其母弟亦以之为羞不屑相见，可见，"耻"感不仅是这一群体被自身从小浸润的儒家文化所感，亦为周围环境所不断强化，由此，"失节"这一身份得到自我认同和社会认同的双倍确立。于是，为了抵消这种缠绕其余生的耻辱感，他们在诗文中哀叹，为保护遗民积极奔走，有的甚至以文化

---

① 《清史列传》，前引书，卷七九，《贰臣传·钱谦益》。
② 参见《清实录·高宗纯皇帝实录》，前引书，第1225页。

遗民自居。这种深切的羞耻感和由之引发的种种行为背后都隐含着同一种认同：对华夏正宗的明朝的认同。变节是迫于保全性命，是功利的选择；然而当生命得以保全，身份问题却不得不面对。因此，他们尽管出仕清朝，但是儒文化培养下浸入骨质的文化自豪感和道德约束，迫使他们不断回归族群身份。

但是，这个问题，连父亲开诚布公谈"华夷"的做法都不赞同的乾隆是不会自找麻烦去讨论的。不讨论不代表不处理，不谈其实就是一种处理——在确定了将忠于"国家"作为评判标准以后，敏感的族群正统问题就被框进了其制定的历史谱系中，而刻意忽略了这些改变了政治效忠对象的族群意识。尤其是被编入乙编的"贰臣"反复态度背后所指向的"华夷"论说背景。此处的国家当然指已被自身和其率领的文士团体所书写入中国正统史的"清王朝"。

乾隆帝不仅仅从政论上建构"贰臣"的反面形象，亦不放过对其文人身份的打击。如果说史可法是完美的正面教材，那么钱谦益就是绝佳的反面靶子。

钱谦益是明末清初文坛盟主，其文学才华获得了士林公认。乾隆时期沈德潜出于个人喜好所编写的《国朝诗别裁集》，对钱氏颇为推崇，其卷1曾列钱谦益于首。该书卷首还有乾隆二十五年（1760）沈德潜做的《国朝诗别裁集序》，序中也曾三次提及钱谦益及其所编《列朝诗选》，更在"凡例"中，因时人的"贬之太甚"而为钱氏鸣不平，指出自己选诗的标准："是选以诗存人，不以人存诗。"钱谦益的文学成就，自然符合这一标准。但此标准却与乾隆帝的标准背道而驰。

沈德潜被当时文学界视为继王士禛之后的诗坛领袖。至六十七岁始登进士，因其诗艺得到了酷爱写诗的乾隆帝赏识。其七十七岁南归时，乾隆还请他为自己的诗集十四册修改润色，以为"朕与德潜以诗始，亦以诗终"，可见其实际上是乾隆帝御用的文学侍臣。但即使与帝王结成了亲厚的诗友关系，沈氏仍然因为推崇钱谦益的诗，受到了乾隆的严厉斥责。在乾隆看来，诗歌的核心是忠孝，因此，当他看到钱诗竟被沈德潜置于《国朝诗别裁集》的卷首，雷霆大怒，当即严令删毁重修。

哈佛燕京图书馆藏有重版后的《钦定国朝诗别裁集》，将之与初版的教忠堂刻本对比，便可发现两者的诸多不同：首先，其书名由《国朝诗别裁集》改为《钦定国朝诗别裁集》（下称"钦定本"），抽毁了沈德潜的原序，代之以乾隆二十六年（1761）"御制沈德潜选《国朝诗别裁集》序"，消除了个人特色，明确彰显了帝王意志。其次，钦定本署名由先前的"长洲沈德潜"及其亲朋子侄，改为"礼部尚书臣沈德潜纂评"，使诗集从个人喜好彻底转变为国家话语。再者，钦定本"凡例"中删去了"前代臣工，为我朝从龙之佐，如钱虞山、王孟津诸公，其诗一并采入，准明代刘青田、危太仆例也。前代遗老，而为石隐之流，如林茂之、杜荣村诸公，其诗概不采入，准明代倪云林、席帽山人例也。亦有前明词人，而易代以来，食毛践土既久者，诗仍采入，编诗之中，微存史意"①。这一删除，意味着选诗标准并不是个人可定，亦不能按前代而循。原刻本基本上是按诗人生年排序，如卷1所收的钱谦益、王铎、龚鼎孳等人，卷2收录的曹溶、周亮工等人，都是由明入清的降臣，按年辈先后排列，但钦定本却删除了所有这些由明入清的诗人，改为首列慎郡王。②从诗集前后版本的差异，可见乾隆为了构建"贰臣"形象，不论文采，强调节行的力度；亦可见到帝王权力对于文坛士林话语权利的剥夺。

类似的处理还有李雯的《蓼斋后集》。李雯，作为以身殉国的抗清名士陈子龙的挚友，出仕清朝，成为多尔衮的幕僚，并为清廷起草了诸多诏书，甚至包括了招降史可法的《清摄政王致史可法书》。其仕清后的作品集《蓼斋后集》处处充斥着自哀自怨、自悔自怒的无奈和羞愧。这也导致该书在乾隆时期被禁。③

更直白的态度，体现在乾隆帝的自我表述之中。乾隆三十四年（1769），乾隆帝下谕称：

> 钱谦益本一有才无行之人，在前明前身跻朊仕，及本朝定鼎之初，率先投顺，荐陟列卿，大节有污，实不足齿人类……今阅其所著《初学集》《有学集》，荒诞悖谬，其中诋毁本朝之处，不一而足。夫钱谦益果终为明朝守死不变，即以笔墨腾谤，尚在情理之中，而伊既然本朝臣仆，岂复以从前狂吠之语，列入其中，其意不过欲借此以掩其失节之羞，尤为可鄙可耻。钱谦益业已身死骨朽，姑免追究，但此等书籍悖理犯义，岂可听其流传必当早为销毁。④

不忠就是原罪，像钱氏这样既不能忠于明，也未真心臣服于清的人，乾隆帝必置之死地，赶尽杀绝，并明示天下，以儆效尤。

① 参见王振忠：《朝鲜燕行使者所见十八世纪之盛清社会》，载 Yoon Choong Nam（尹忠男）编《哈佛燕京图书馆所藏朝鲜资料研究》（Studies on the Korean Materials in the Harvard-Yenching Library），"哈佛燕京图书馆学术丛刊"第三册（Harvard-Yenching Library Studies, No.3），韩国，景仁文化出版社，2004年。
② 参见王振忠：《朝鲜燕行使者所见十八世纪之盛清社会》，载 Yoon Choong Nam（尹忠男）编《哈佛燕京图书馆所藏朝鲜资料研究》（Studies on the Korean Materials in the Harvard-Yenching Library），"哈佛燕京图书馆学术丛刊"第三册（Harvard-Yenching Library Studies, No.3），韩国，景仁文化出版社，2004年。
③ 详见本人著作：《从民族记忆到国家叙事》，四川文艺出版社，2010年，第80-83页。
④ 《清史列传》，中华书局，1987年，卷七九，《贰臣传·钱谦益》。

第三节　塑造国家英雄

如果说表彰故明忠臣，抨击变节贰臣，还只是帝王所做的舆论引导和思想建设，那么，塑造为本朝效忠的楷模则是清帝最迫切的根本需求。这样的表述，在每一次"王师"出征的战斗中，当然都能得以呈现，但效果最佳的，无疑是宣传汉人臣民对清朝的效忠行为，树立本朝本国的汉人忠臣楷模。唯其如此，华夷之辨才能真正被汉人的忠君热血掩盖，基于满汉一体的国家认同才能不是空谈。于是，在康熙年间身陷三藩乱中并为此而殉难的汉军和汉官们，被塑造成为帝国新一代的文化偶像和效忠模范，从此开启了清朝国家认同的新篇章。

三藩之乱，尽管吴三桂等人打出了"兴明讨虏"的旗号，但在长达八年的三藩乱中，众多的汉官汉臣、汉人文士却不为所动，反而对于清廷平定三藩表现出热烈的欢呼。康熙十八年（1679）二月二日，清廷宣布岳州大捷。江南名士、著名遗民陈贞慧之子陈维崧作数篇诗文以贺，兴奋之情不言而喻，其《湖海楼诗集》卷六己未稿存有《岳州大捷，上于二月二日宣谕臣民，是日大雪，敬和三相国原韵二首》，《陈迦陵俪体文集》卷三有《平滇颂》，《迦陵词全集》卷二十八有《贺新凉·岳州大捷，上以二月二日宣凯门外，是日正值大雪》。其时，他已被点为博学鸿词科第十名。而江苏无锡人、侍讲学士周宏更在听闻三藩捷报后连作《己未二月二日午门听宣岳州大捷遇雪恭纪》《湖南诸路大捷和宝坻杜相国韵》，对于其时吴三桂死其孙吴世璠独立难撑的三藩局面痛打落水狗，云"覆巢残孽剩遗雏"，并神采奕奕地期待"自此江湖空战垒，丰年有象课深耕"。[1]

更富有历史意义的是，在这场战争中，对清廷贡献最为突出的是汉军旗人。"汉军旗人是在满汉两族长期融合的过程中孕育出来的'混血儿'。在汉军旗人身上，满汉两族的文化传统和心理素质已经结合为一体而不可离析了。"[2]由于这一文化混血的特征，汉军旗人在清初成功地充当了满洲贵族同汉族地主阶层之间的黏合剂。而他们在这场战争中的表现不仅赢得了帝王的嘉奖、同僚的赞颂，更成为汉族士人群体歌颂的新偶像，为帝国新认同的凝聚做出了奠基性的贡献。其中，范承谟与马雄镇堪称楷模。

范承谟之父范文程、马雄镇之父马鸣佩本为明朝诸生，是明末降清的汉臣，

---

① 钱仲联主编：《清诗纪事》，康熙朝卷五，前引书，第 2519 页。

② 刘咏梅：《试析清初汉军旗人的特点——兼论清初重用汉军旗人的原因》，《安徽师范大学学报》（人文社会科学版）2000 年第 4 期。

据《清史稿》记载："以诸生来归，事太宗，值文馆。"①而范承谟、马雄镇以身殉清，这对于正处于三藩之乱中，深为汉人出尔反尔所困扰的清代帝王来说，是相当值得欣慰并且应予以大势宣扬的。

《清史稿》记范承谟殉难福建耿精忠事云：

> 范承谟，字觐公，汉军镶黄旗人，文程次子。顺治九年进士，选庶吉士，授弘文院编修。累迁秘书院学士。……福建总督初驻漳州，至是以将撤藩，命移驻福州。吴三桂反，承谟察精忠有异志，时方议裁兵，承谟疏请缓行。又报巡历边海，欲置身外郡，便征调防御。事未行而精忠叛，阳言海寇至，约承谟计事。……遂往。精忠之徒露刃相胁，承谟挺身前，骂不绝口。精忠拘之土室，加以桎梏，绝粒十日，不得死。精忠遣秉政说降，承谟奋足蹴之仆，叱左右掖之出，曰："贼就僇当不远，我先褫其魄！"为贼困逾二年，日冠赐冠，衣辞母时衣，遇朔望，奉时宪书一帙悬之，北向再拜。所居室迫隘，号曰蒙谷。为诗文，以桴炭画壁上。……十五年，师克仙霞关，精忠将降，冀饰词免死，惧承谟暴其罪。九月己酉朔，甲子夜半，精忠遣党逼承谟就缢。②

范承谟临死之时，戴上御赐冠帽，整理衣袍，向着皇宫的方向九叩首，然后从容自尽。其幕客嵇永仁、王龙光、沈天成，从弟范承谱等五十三人同时遇害。范承谟英勇就义的故事迅速传遍了整个中原地区，成为一代忠臣楷模，得到了清廷最高级别的嘉奖：

> 十六年，丧还京师。上遣内大臣侍卫迎奠，赠兵部尚书、太子少保，谥忠贞，御书碑文赐其家。……福建民请建祠祀之，御书"忠贞炳日"扁于楣。承谟所为画壁集，上亲制序。③

康熙帝给范承谟选的谥号"忠贞"，与乾隆帝为南明死节之士左懋第选的谥号重合，这不禁令人浮想联翩。

左懋第代表南明出使清廷被扣留，虽经多尔衮、洪承畴、堂兄等无数人连番劝降，而坚拒不降，还手书一联"生为明臣，死为忠鬼"以明志，面对剃发要求，左懋第回答："头可断，发不可断！"被囚大半年后，写下绝命词："峡坼巢封归路回，片云南下意如何？寸丹冷魄消磨尽，荡作寒烟总不磨！"在刑场上，

---

① 《清史稿》第 32 册，前引书，第 9513 页。
② 《清史稿》第 32 册，前引书，第 9723-9724 页。
③ 《清史稿》第 32 册，前引书，第 9725 页。

多尔衮再次劝降，左懋第仍不为所动，南向叩首之后从容就义，其随员陈用极、王一斌、张良佐、王廷佐、刘统等人皆不屈而死。康熙四十年（1701），山东学政佥事徐炯，在其家乡莱阳主持修建左公祠。乾隆四十一年（1776）钦定殉节录，赐专谥"忠贞"，在莱阳重修祠堂，并在其曾为知县的韩城建祠，与汉代苏武并祀。

从这两个案例来看，范氏与左氏的行为极其相似，都是被囚日久，都经历了威逼利诱反复劝降而不屈，都有忠贞不屈诗文传世，都带领着从属集体殉国，两人也都在康熙朝受到了建祠享祭的高规格待遇。或许也正因如此，乾隆为左氏定谥号时，才使用了乃祖为范氏所选的谥号。虽然此二人，一人殉清，一人殉明，甚而殉明之人还有明确地拒绝剃发的族群气节，但在康熙和乾隆这对祖孙的表述中，略无二致。

更令人感叹的是，康熙皇帝对于范承谟的表彰，得到了汉族文士的高度认可，甚而还有人自觉地将范承谟比作文天祥。李渔撰写的《祭福建靖难总督范觐公先生文》一文，就拉上文天祥作陪祭，曰："是日并设二位，一为先生，一为宋丞相文公天祥。盖先生之臣节，求之千古上下，惟天祥一人，足以媲美。"[1]并且文中多次将范承谟比作文天祥以及安史之乱中怒骂安禄山而亡的颜杲卿，甚至以死守节的遗民典范伯夷、叔齐。其祭文前序曰：

> 闽藩一叛、文武大吏皆从之，先生孤掌难鸣，遂为所执。始则克日怒骂，求为颜杲卿之断舌而死既不可得。继则经旬不食，求为伯夷、叔齐之枵腹而亡又不可得。

在此，范承谟效忠的对象已不是焦点，重要的是他的"节行"本身。历史的进程总令人拍案叫绝，数十年前，南明抗清诸士将抗清而亡的史可法比作文天祥，是因为其抵抗"外夷"的气节与傲岸的族群意识，而今，李渔将为清而亡的范承谟比作文天祥，是因为其不屈的斗志和对本朝的忠诚。时间的伟力与对政权稳定的期待，让"华夷"问题终究慢慢沉淀下去，为清殉忠的汉臣也可以是怒斥蒙元的文天祥、大骂胡人安禄山的颜杲卿了。祭文还进一步论范氏死节行为乃是深受孔孟儒学之洗礼，珍惜名节的儒士所为，因此可谓是做遗诗而柴市殉难的文天祥的知己"快友"——"文山今日在天之灵，岂不以得一快友为幸乎？"

生于万历三十九年（1611）的江南才子李渔，亲身经历了明清鼎革和江南

---

① 李渔：《李渔随笔全集》，巴蜀书社，1997年，第323-325页。

惨剧，不会不知道这些惨痛记忆和族群伤痕，不可能不清楚效忠清廷意味着什么；然而，在他的书写中，文天祥之忠于宋与范承谟之忠于清已经没有区别，都是服膺于"万古纲常"和"名节"儒教文化体系之下的"臣节"楷模。在这个体系笼罩之下，族群分歧已然瓦解，华夷大防，冰消雪融。

李渔之后，乾隆年间的戴震亦为之作《范忠贞传》，不仅表彰其忠君殉难的"臣节"，还大力旌表其巡抚浙江时安抚一方生民的事迹，更将其安抚浙江之功与朝廷稳固民心之国策联系起来，指出江浙在三藩乱中的安稳与其安抚之功不无关系："承谟至浙，以固民心为本，……务使民安静乐业。……承谟在浙四载，前后疏奏，天子悉俞其所请；民无负累，以得安其新业。"①此后道光咸丰年间的李元度撰《国朝先正事略》亦大篇幅地颂扬了这位清廷忠臣。

至此，一代忠臣爱国爱民至死不渝的形象已经成为共识，范承谟作为效忠清王朝的汉人英雄形象获得了朝野的一致认同。从此，新的国家英雄楷模，不论满汉，无关华夷。

比起范承谟，马雄镇一家的事迹在认同意义上更具典型性。

《清史稿》载马雄镇生平为：

> 汉军镶红旗人，鸣佩子。……十二年，吴三桂反。十三年，孙延龄以广西叛应之，围雄镇廨，胁降。时巡抚无标兵，雄镇督家人拒守。密令守备易友亮赴柳州趣提督马雄来援，弗应。雄镇自经，为家人救免，以蜡丸驰疏请兵。延龄诇知之，幽雄镇，置家人别室。三桂使招降，雄镇不为屈。会傅弘烈劝延龄反正，延龄踌躇未决，雄镇得以间遣长子世济赍疏诣京师……居数月，雄镇又具疏陈粤西可复状，付长孙国桢，俾与客朱昉凿垣出。既，又遣州人唐守道、唐正发潜负次子世永出，次第诣京师。又为延龄知，系其孥于狱。雄镇愤自到，复为贼所夺，幽之别室。十六年十月，三桂遣其从孙世琮杀延龄，拥雄镇至贼垒，迫使降，雄镇大呼曰："吾义守封疆，不能寸斩汝以报国，死吾分也！"贼戕其幼子世洪、世泰怵之，骂益厉，贼杀之，时年四十有四。从者马云皋、唐进宝、诸兆元等九人同时死，妻李、妾顾、刘，女二人，世济妻董、妾苗，并殉。②

此外，《清史稿》又专章详细记载了马家众女眷同时殉难的事迹。③

---

① 戴震：《范忠贞传》，见钱仪吉：《碑传选集》上（台湾文献丛刊第 220 种），前引书。
② 《清史稿》第 32 册，前引书，第 9725-9726 页。
③ 《清史稿》第 46 册，前引书，第 14120 页。

据魏斐德（Frederic Wakeman）《洪业》所载，按马氏家谱，马雄镇的祖父马与进曾是明朝辽阳训导。天启元年（1621）后金攻辽阳，他积极投入了保卫战，当其防区惨遭蹂躏时，传说其已战死。其妻赵氏听到传言后，为表示对丈夫及其为之献身的明王朝的无限忠诚，带领全家老小和家奴 40 余人集体自杀。乾隆时期江西士人蒋士铨在《桂林霜》序中也做了相应记载。①

五十多年后，马雄镇率家人共三十八口殉忠清朝满族王室。对此，魏斐德评价道：

> 当时记载这一事件的编年史和家族史，都将马氏家族的殉难描述为超越了而又具体体现出对特定的相互对立的正统王朝之忠诚的最佳象征。明朝有忠臣，清朝也有忠臣。但辽阳马氏却证明，一种始终保持单一门风的家族传统既能容纳在单一世界秩序下对特定王朝的忠诚，也能在统一的道德世界中把平时的理想主义与战时的清教主义结合为一种为个人名誉的纯粹的献身精神。②

更为重要的是：

> 马氏家族的殉难还激发了百姓的想象力，因为他们总结了天命从一个王朝转向另一个王朝的缓慢而又难以驾驭的进程：祖母是一个明朝忠臣；父亲归顺了满洲；儿子是一个清朝忠臣。……在一种非常现实的意义上说，马雄镇之死集中体现出在长期的军事征服之后，清朝的统治已稳定下来。③

笔者以为，这一事件的意义还不仅在于此，六十年来这一家族效忠对象的转变，不仅象征着王权更迭、国家合法性的承继，更代表了一部分汉人族群认同的转变。④

在清朝建国的同时，满族正经历着族群的形成过程，"满洲作为族群名称（简称满族），是在 17 世纪 30 年代才出现的"⑤。正是这一时段赋予了族群认同转变以重要契机。马家隶属汉军镶红旗，范家隶属汉军镶黄旗。汉军旗人是一个

---

① （美）魏斐德：《洪业——清朝开国史》，江苏人民出版社，2003 年，第 390 页。
② （美）魏斐德：《洪业——清朝开国史》，江苏人民出版社，2003 年，第 390 页。
③ （美）魏斐德：《洪业——清朝开国史》，前引书，第 390-391 页。
④ 本章节内容，均可见本人论文：《愈合的伤痕与重塑的记忆——从〈桂林霜〉看乾隆朝民族认同变迁》，《民族文学研究》2008 年第 1 期。
⑤ 王钟翰：《王钟翰学术论著自选集》，中央民族大学出版社，1999 年，第 121 页。

特殊的存在，"有从龙入关者，有定鼎后投诚入旗者，亦有缘罪入旗、与夫三藩户下归入者，……先后归旗，情节不一"。其中，关外入旗的辽东汉军（俗称陈汉军）后裔满化程度最深，不但因为他们与满洲人相处时间最长，而且由于"从龙入关"的光荣经历，自有一种其他汉军所没有的优越感，反映在习俗上，"知满洲礼者十居六七，知汉军礼者十居三四"。连乾隆七年（1742）乾隆为缓和"八旗生计"压力谕令在京汉军出旗为民时也特别宣布，"从龙人员子孙"因"旧有功勋，历年久远"，所以特别优待，不在出旗之列。[1]关于马家如何改忠清朝，说法有二：一是《洪业》引《马氏家谱》指出马与进投降后金[2]；而《中国通史》则指马与进死，马鸣佩为奴，但未见文献出处。[3]然而不管马与进是死是降，马家身份转变的关键都在天启元年（1621）后金对明的辽阳之战。其时，努尔哈赤尚在汗位，后金还未改国号为清，满洲之名也未出现，离顺治元年（1644）清军从龙入关还有23年。《清史稿》记载天聪五年，《东华录》作天聪六年，即1631或1632年，马雄镇之父马鸣佩已为工部启心郎。所以，无论天启元年（1621）马家经历的真相是什么，至少从马鸣佩始，马家就已在后金及清朝的荫蔽之下，是"从龙入关"前入旗的陈汉军，因此他们的族属认同已经偏向满族。甚至按照王钟翰先生旗人即满洲的划分标准，他们已成为满族人。[4]

而在康熙十二年（1673）的三藩之乱中，马氏一家阖门殉难的表现令王朝相当满意。康熙二十一年（1682），康熙帝亲自为马雄镇撰写碑文，赐谥文毅，并鼓励臣工效法：

> 朕惟臣子之谊，大节为重。然居平无事之时，人人侈谈忠义，一旦临事而为国捐躯，确乎不夺者盖寡。则所称成仁取义之士，国家得之宜如何褒崇焉？……特考彝宪，赐谥文毅，跻以崇阶，爰勒贞珉，昭示来世，几属臣僚，闻风兴起，咸思自励，尔之为功世道岂浅鲜。[5]

"大节为重""成仁取义"，是康熙对马雄镇褒奖的原因，目的是要希望臣僚"闻风兴起"，以此自励。这与乾隆皇帝在为南明诸臣正名褒扬时的宣言何其一致，又何尝不是在回应着皇太极宣召臣子读书学礼、重儒养士的初衷。

与范承谟事迹在士人群体中所引起的反响一样，马雄镇一家的事迹也引起

① 王钟翰：《中国民族史》，中国社会科学出版社，1994年，第769页。
② 参见（美）魏斐德：《洪业——清朝开国史》，前引书。
③ 蔡美彪：《中国通史》第九册，人民出版社，1986年，第76页。
④ 见本人论文：《愈合的伤痕与重塑的记忆——从〈桂林霜〉看乾隆朝民族认同变迁》。
⑤《清朝文献通考》，四库全书本，卷一百一十九。

了士林注意。乾隆时期，蒋士铨据此做了戏剧《桂林霜》。《桂林霜》又名《赐衣记》，剧中马雄镇出任广西巡抚前，康熙亲赐龙袍，以示鼓励；而马在殉节前怕反贼玷污龙袍，派人冒死携带逃出；后龙袍辗转回到其子马世济手中，由其还归朝廷，而康熙帝再赐以表彰其满门忠烈。在这一赐一还再赐的情节中，象征天命所归的龙袍成了效忠和认同的符号。《桂林霜》的结构和含义也因此显得独特并诡异。这个家族的祖母一代是汉族抵制夷狄的优秀代表，孙辈却誓死效忠当初的敌人。但这一敌人，现在竟是天命所归的"真龙天子"。这六十年之转变，可谓天翻地覆。①

在剧中，作者刻意将吴三桂作为反面形象站在马家的对立面，并且由马骂吴叛国叛族叛父，这一安排，意义显得尤为深远。在该剧第十五出《诛叛》中，作者安排先由吴三桂之孙吴世倧骂立场暧昧的孙延龄道："巧作两家之叛贼，究为谁国之忠诚？"虚骂他人，实为自骂；再由马雄镇在第十七出《完忠》骂吴世倧："尔祖乃败军庸将，亡国大夫，匍匐关东，哀求帐下，乞王师以诛流寇，仗天威而复国仇。……不思报再造之洪恩，转欲肆中山之反噬。我马雄镇，但识尽忠，焉能作贼。""尔祖乃先朝一武夫，骤分茅土，既事二君，复萌异志，死无面目以见先皇，生丧天良以干重典，尚敢借延揽英雄之说，诱人作贼乎！流寇之遗，乱贼之魁，十余年苟且偷生不顾伦彝。"②这一骂，先朝亡国大夫与王师尽忠之臣壁垒分明，将从龙入关的马家与入关后依附满族的吴家清楚地划分界限，并且公然拒绝了以汉族名义的延揽，不谈同族同朝为官之先世只谈"但识尽忠"。

更为重要的是，剧中马雄镇殉难不仅仅被看作了家族荣耀史的延续，而是与李渔比范承谟作文天祥一样，亦被与殉难汉族宋室之文天祥、抗金之岳飞，忠明殉难之杨继盛（椒山）等人相提并论。③此剧刊序和友人题诗写道："天教公死同文信，更作燕山正气诗。"④在第十四出《释帖》中，又赞道"长歌激楚，正气文山节。高吟跌宕，浩气椒山血"，作者更借侍妾顾氏之口赞道："我老爷耿耿孤忠，迟迟一死。岂郝经之返国无期，实天祥之捐躯有待。"⑤蒋士铨在乾隆时代褒扬南明殉节诸臣的重大文化事件中亦扮演了相当重要的角色。他既作《桂林霜》又作歌颂文天祥之《冬青树》，由此可知，在他看来，文天祥之忠于

① 见本人论文：《愈合的伤痕与重塑的记忆——从〈桂林霜〉看乾隆朝民族认同变迁》。
② （清）蒋士铨：《蒋士铨戏曲集》，中华书局，1993年，第125-132页。
③ 见本人论文：《愈合的伤痕与重塑的记忆——从〈桂林霜〉看乾隆朝民族认同变迁》。
④ 《桂林霜》题诗，见蒋士铨《蒋士铨戏曲集》，前引书，第89页。
⑤ 《桂林霜》第十四出《释帖》，见蒋士铨《蒋士铨戏曲集》，前引书，第124页。

文学人类学视角下清代中前期国家与族群意识研究

宋与马雄镇之忠于清，并无不同。同时，前文已论，他还是史可法的热心崇拜者，并且其对史可法的爱戴获得了乾隆帝的赞赏和支持。①

蒋士铨生于雍正三年（1725），也曾驻扬州，与孔尚任甚至李渔等前辈相比，上世纪中叶兵戎相见、残酷血腥的族群镇压已不复记忆，对于历史上忠臣义士的景仰也仅仅是出于儒士文人的个人道德要求，因此其淡化族别意识，将众多效忠不同族群朝廷的忠臣包含在一个"忠义"的体系下也就不难理解。对蒋士铨而言，汉族与满族的族别意识渐渐消融在"忠义"的统一国家意识形态体系之中。而清帝对于原敌国将领的褒奖，是"崇奖忠贞，风励臣节"的措施，也由此宣告，无论朝野都已认为"天命已移"，清朝合法性已然得到承认，成为正统的中原王朝。②

所有这些都说明为汉族宗室殉难之忠臣和为满族王朝殉难之忠臣，两者的忠贞已经完全相称了，族群分野被模糊和消解，这是令清朝帝王们非常欣慰的。而下令作《贰臣传》，大肆挞伐明朝降官不忠不节的乾隆，似乎已经忘记马家曾在明朝为官的事实。通观清朝文献，如马家、佟家以及范家这些实为明臣后裔却为清朝忠臣的重要官吏，竟然模糊了其先世经历。而马雄镇们也并未将祖母殉难解读为族群与国家之间的仇恨，而是将之作为一种始终保持单一门风的家族传统，一种为个人名誉的纯粹的献身精神。就此，族群伤痕被轻易抚平，而这种家族传统却创造出为新国家效忠的记忆。③

从此，无论在康熙、乾隆的御笔朱批之下还是在蒋士铨们的心中，从宋末的文天祥、陆秀夫、谢枋得、岳飞到明末的史可法、黄道周，一个忠臣的谱系得以构建完成，并且还在延续，三藩乱中殉忠的范成谟、马雄镇等人就已经融入这个共同的记忆中。④蒋士铨在《桂林霜》最后一出交代康熙年间"三逆之乱"波及"云、贵、楚、粤四省"，而且"死事忠臣共有若干人"⑤，足以说明这忠臣谱系即便在非汉族正统的清朝也得以大大扩充。当文学书写的对象从文天祥、史可法转移到范承谟、马雄镇，汉族效忠对象悄然转变，但共同的文化记忆——对正统王朝尽"忠"——使这种转变隐于无形，从而形成了统一的评价体系。在这个体系下，族群对抗的伤痕被掩盖，取而代之的是新的共同记忆。虽然我们透

---

① 见本人论文：《愈合的伤痕与重塑的记忆——从〈桂林霜〉看乾隆朝民族认同变迁》。
② 见本人论文：《愈合的伤痕与重塑的记忆——从〈桂林霜〉看乾隆朝民族认同变迁》。
③ 见本人论文：《愈合的伤痕与重塑的记忆——从〈桂林霜〉看乾隆朝民族认同变迁》。
④ 见本人论文：《愈合的伤痕与重塑的记忆——从〈桂林霜〉看乾隆朝民族认同变迁》。
⑤ 参见蒋士铨：《桂林霜》第二十四出，见蒋士铨《蒋士铨戏曲集》，前引书。

过历史文献可以看到马家六十年经历的不仅仅是国家层级的认同变化，还经历了族属变化，但是他们的记忆在此过程中选择性遗忘和重新阐释了这种变化，并将之合理地解释为效忠国家的单一家族传统。同时，蒋士铨一代人的选择性遗忘，成功铸造了对国家效忠的模型，从而抹去族群伤痕，将"文天祥—史可法"模式与"范承谟—马雄镇"模式熔于一炉。①而在国家层面上，清帝的效忠要求在此忠臣谱系中得到了最好的落实，因此顺理成章地接受了新的共同记忆，并将之书写入官方正史。从此，"忠贞"范承谟、"忠毅"马雄镇，与"忠正"史可法，"忠贞"左懋第，"忠肃"卢象升，"忠介"刘宗周，"忠惠"祁彪佳，"忠裕"陈子龙，"忠穆"张肯堂，"忠端"黄道周，"忠烈"阎应元、张煌言，"忠节"侯峒曾父子、黄淳耀黄渊耀兄弟、杨廷枢、卢象观、金声、吴应箕、余煌、钱肃乐等人一样，可以不分族群敌我，并肩立于中国国家忠臣谱上。

更有意义的是，从范、马而死者众多，从知识分子到贩夫走卒甘为忠臣，就此与曾经为南明死节的群像对称了。如《清史稿》记载从范承谟死者有："幕客嵇永仁、王龙光、沈天成，从弟承谱，下至隶卒，同死者五十三人。……旧役王道隆奉遣他出，还至延平，闻变，自刎死。"②其中，有资料可查者，嵇永仁（1637—1676）是江苏无锡人，康熙十二年（1673）入范承谟幕。耿精忠反，他与范同被囚禁。三年后，范被杀，嵇亦自缢而死。《清史稿》亦载其与王龙光、沈天成均为"生员""秀才"，是士人群体的一员。又《清史稿》记载从马雄镇死者有："从者马云皋、唐进宝、诸兆元等九人同时死，妻李，妾顾、刘，女二人，世济妻董、妾苗，并殉。"③这些忠臣、忠士、忠仆的群体性出现，透露出的是民间人士从上到下对此忠臣谱系的推崇，更重要的是对清朝正统的承认和新的集体身份的确立。

小 结

在南明抗清士人甘当族群英雄，并构建和书写族群英雄的行为中，我们看见了汉族士人坚持对明朝正统的效忠意识，他们将这种王朝效忠与族群情绪相结合，通过对南宋抗元名臣文天祥、南明抗清名臣史可法的族群英雄化书写，表达了对汉族中国政权的认同。由此，他者与自我之间的鸿沟被确立起来，清王朝被塑造成为"我族"的敌人。民族主义的学者强调："为了创造民族认同感，

---

① 见本人论文：《愈合的伤痕与重塑的记忆——从〈桂林霜〉看乾隆朝民族认同变迁》。
② 《清史稿》第 32 册，前引书，第 9724-9725 页。
③ 《清史稿》第 32 册，前引书，第 9726 页。

战争是重要的；战争不仅动员了民族意识，而且还提供了创造民族认同感和凝聚力的神话和回忆。"①南明士人虽然在与清廷之间的战斗中失败了，却成功地强化了汉族的族群意识。

而清帝面对这样阻碍国家一体意识的诉求，一直在谋求解决之道。到乾隆时期，终于时机成熟，以官方表彰"国家忠臣"的方式淡化、消解了此时期士人书写中强烈的族群意识对大一统帝国所产生的离心力，宣告了帝国认同的统一。而在此之前，清廷从未放松过对于凝聚新的国家认同的努力。

不过，对忠臣谱的解读并非只有一种声音，文天祥、史可法这一类汉族英雄的记忆仍然在强大的国家英雄声势中存留了下来。时序到了清末民初轰轰烈烈的政治革命和新文化运动，本已成为历史记忆的晚明事件与人物开始被反复重提，其声势之浩大，使得"晚明想象"成为一场全民参与的话语盛宴。对于南明的热情出于现实的关怀，而这一关怀无疑是建立在族群主义基础上的。民国排满现象的作俑者们认为是清王朝的落后腐朽使中国陷入了一系列社会和政治危机，并直接导致了19世纪中国的贫穷，沦落为被欧美势力半殖民的局面。在此背景下，经历了从光绪到民国鼎革历史的士绅姚煜题诗史可法祠墓时，便大肆张扬史可法形象的族群意义："尚张睢阳为友，奉左忠毅为师，大节炳千秋，列传足光明史牒；梦文信国而生，慕武乡侯而死，复仇经九世，神州终见汉衣冠。"这一书写回应南明文、史作为族群英雄的内涵，再次将文天祥与史可法同列，并欣然道："神州终见汉衣冠。"这一将汉族推翻满政权的消息告知先烈英灵的行为，很明显染上了该时期高涨的民族主义色彩。②

尽管如此，帝王们建立的国家英雄谱系也并未在民族主义的浪潮中分崩离析。同是民国时期，上书请清宣统帝复位的张勋死后，也被比作了文天祥。如张镇芳挽联曰："正气塞乾坤，宋室纵亡，青史尚传文信国；英雄归箕尾，唐宗虽在，黄泉难起狄梁公。"陆荣廷挽道："我与鲍叔交，同抱祖生志；公为睢阳后，能继文山忠。"这里，要求复辟清政权的张勋被与文天祥、祖逖、张巡等已被标志为效忠汉族王朝的汉族英雄并提，历史荏苒，从南明到清末三百年间建立起来的忠臣谱系一直伴随着汉族士人从汉族认同到中国认同的嬗变历程。

马戎曾指出："我们传统中讲的'中国'或'中原'，包括了'nation'的含义：①历史形成的领土（'神州'），②共同的神话传说和历史记忆（三皇五帝），③共同的文化传统（以儒学为代表的'教化'），④所有成员所具有的法律权利

① （美）约瑟夫·拉彼德、（德）弗里德里希·克拉拖赫维尔主编：《文化和认同：国际关系回归理论》，金烨译，浙江人民出版社，2003 年，第 213 页。

② 见本人论文：《愈合的伤痕与重塑的记忆——从〈桂林霜〉看乾隆朝民族认同变迁》。

和义务（'普天之下，莫非王土'），⑤共同的经济生活（'士农工商'结构）。无论哪个族群'入主中原'，这些要素大多被仔细地保留下来。而对于'神州'各族群在文化、宗教各方面多样性的尊重与保护，也作为'中华'的文化传统之一，体现在中国的传统'族群'观念和历朝政策之中。"①综观中国历史，忠臣与英雄谱系的建立又何止于清朝？从炎黄传说开始，三皇五帝、秦皇汉祖、唐宋名将早已融入了华夏书写；即便五胡乱华、辽金并起、蒙元称雄，亦与清朝一样，渐渐融入中国正统历史架构。这无数次从族群纷争走向大一统国家的循环，决定了英雄谱、忠臣谱内容的不停扩充和内涵的不断调整。而注目当代中国的民族国家进程，不可否认，这一谱系奠定了中国认同作为中华民族认同和多民族国家认同的基石。

---

① 马戎：《评安东尼·史密斯关于"nation"（民族）的论述》。

第五章

表述山川

如何在族群特性与帝国统一两种利益之间找到一条安全的道路，让二者都能为广大国民所共同接受，从而保障政权的稳定，这是清帝们一直追求的目标。

入主中国腹地之后，清朝帝王继承"正统"所面临的最大障碍就是宋明以来儒家思想中严分夷夏的表述成见。满人入关前居于东北边疆地区，这一地理条件给自己打上了先天的蛮荒印记，所以，获取"正统"的首要任务就是要彻底斩断关外"北方地域"必然生活着"野蛮族群"这个被儒家学说制造的刻板印象。同时，清帝也非常清楚，"作为异族入主大统，其优势在于疆域恢弘远迈前代，这实为'大一统'原初首要之义，凭此成就即可避免宋朝流于偏安的弊端"①。所以他们总是在各种场合，无数次地彰显其治下疆域广大，强调"大一统"的前提是版图要够"大"，能开创如此广大的地理版图就说明这是天命所归。因此，与之相对应的就是，根据山川地貌界定和标识四方统治疆界，山岳祭祀作为皇家必备礼仪每每按既定程序反复上演。

管子曾言：顺民之经在明鬼神，祇山川，不明鬼神则陋民不悟；不祇山川则威令不闻。山岳祭祀，不仅仅有着地理界定的作用，更重要的还在于借力山川神明的民间信仰之力量，祭祀历代帝王共同祭祀的名山大川，无疑是获取国民认同的一条传统捷径。同时，如果能在此过程中更改一些表述，引领着国民的认知朝着自己拟定的方向前进，达成自己既追求族群优越感，又维护国家稳定统一的目标，岂非一举两得？

"人类的政治生活中，领土景观、领土景观符号与国家权力之间，具有密不可分的关系，国家权力有内在动力介入领土符号及其象征意义的生产，以此来塑造公民对国家的认同。"②实际上，"每个国家都有一套凝聚人民国家情感的象征地方"③。在中国，这一套"象征地方"拥有深厚的历史积淀与群众基础。早在《史记·封禅书》中，我们就能看到这样的职能分配："天子祭天下名山大川，五岳视三公，四渎视诸侯，诸侯祭其疆内名山大川。"这种将山川划分等级进行祭祀的方法，被李零形象地比作动物世界的领地标记、划地盘，其实质是帝王们实行的"最原始的领地控制法"④。这些祭祀，既是对神祇的祈祷，亦是对权力的宣告，山川的神圣性确定了政权本身以及国君权力之正当性，而山川祭祀

---

① 杨念群：《"天命"如何转移：清朝"大一统"观再诠释》，《清华大学学报》（哲学社会科学版）2020 年第 6 期。

② 殷东水：《论国家认同的四个维度》，《南京社会科学》2016 年第 5 期。

③ John Rennie Short, *An Introduction To Political Geography*. Routledge, 1993, pp. 115 .

④ 李零：《岳镇渎海考——中国古代的山川祭祀》，载李零：《我们的中国·思想地图》，生活·读书·新知三联书店，2016 年，第 108 页。

自东周时起便被纳入礼制体系，是君主权力与身份的象征，乃国家权力网络中标志性的符号。[1]

而对于民众而言，认知被指定的山川、参与其祭祀活动、接受与宣传对山川的具体表述，就是认同权力阶层所构建的政治的过程。人口、领土、主权是政治构成的三个基本要素，使领土边界内的广大人口认同统治者所持有的主权，是构建认同的关键。山川祭祀活动实质上强有力地推动了这一认同。首先，在空间上，形成初期，绝大多数民众对领土的边界认知是模糊的，而盛大的官方祭仪强化了民众对于标志性山川的认知，正是这些山川展示了主权所辐射的具体范围，实质上起到了强化领土意识的作用。同时，在时间上，统治者往往把这些山川追溯为神的聚居地、族群的发源地，通过构建共同的祖先和信仰，使民众对生活于山川之间的其他人群产生情感认同。

李零认为考察山川与人类活动时，"有个总原则，以山定水，以水定路，以路定城"，"中国山水，岳镇是大坐标"[2]，所以，山水之间，山又优先。《尔雅注疏·释山》云："山，产也。言产生万物。"山林提供了人类赖以生存的生活资料，被视为万物之源，也因此被认为拥有神的崇高力量，距今六千多年的仰韶文化刻符中就已出现多处关于大山崇拜和祭祀的记载。[3] 大山在口口相传的神话中被表述为"天柱"，如《淮南子》记"共工怒触不周山"："天柱折，地维绝。"天柱的任何改变都影响着人赖以生存的地理空间。而登上天柱，遇仙甚而通神的想象，更导致了山神拥有了广泛的信仰基础。

当然，古人对于大山的热切崇拜，还在于登山能望远，可以鸟瞰"天下"——"天下"，这个词暗示着一种在想象中居高临下俯瞰大地一览无余的效果。[4]所以，古人祭祀大山，叫"望祭"，而大山也就代表了中国特有的对政治和文明空间的理解。古老的地理概念"五岳四渎"更成为"天下一统"的象征。顾颉刚先生就指出，以五岳统领五方是一种大一统王朝地理观念。五岳说自秦始皇始绵延数千年，虽具体成员历来众说纷纭，但其中泰山作为东方第一山的地位却是毫无争议的。

① 田天：《秦汉国家祭祀史稿》，生活·读书·新知三联书店，2015 年，第 258-272 页。
② 李零：《我们的中国·大地文章·说中国山水》，生活·读书·新知三联书店，2016 年，第 8 页。
③ 詹鄞鑫：《神灵与祭祀》，江苏古籍出版社，1992 年，第 66-67 页。
④ 李零：《我们的中国·大地文章·说中国山水》，生活·读书·新知三联书店，2016 年，第 8 页。

第一节　重述泰山

2019 年，中华人民共和国成立 70 周年国庆节，中央电视台《朝闻天下》直播了泰山日出作为献礼，引用汉代淮南王刘安《上武帝书》中的名言，解释了日出直播的象征意义，称："天下之安，由泰山而四维之，国泰民安是中华儿女千百年来的期盼。"①近些年，每逢元旦，《朝闻天下》栏目都会直播泰山日出，昭示了泰山在当下国家文化中的地位。实际上，泰山之所以有此特殊地位，是源于历代积淀的国家级祭祀与政治表述。

从先秦到近古，统治者献祭泰山的记录不胜枚举。《史记·封禅书》罗列了汉武帝以前关于泰山的国家级祭祀——封禅的历史。其中引《尚书·舜典》所载舜帝封禅"岁二月，东巡守，至于岱宗，柴，望秩于山川"，引《管子》"古者封泰山、禅梁父者七十二家"，将封禅典礼与"天命"联系，指出前代诸王"皆受命然后得封禅"，同时还将"天命"与国力强盛与否、人民是否诚服关联，可见，封禅典礼已不是一般规格和意义的仪式，而是寄托了一统天下的社会理想。

在周朝，在泰山举行的祭天大礼，是天子与诸侯共同参与的国家级典礼。《公羊传》录"天子有事于泰山，诸侯皆从泰山之下，诸侯皆有汤沐之邑焉"。其注云："有事者，巡守祭天，告至之礼也。当沐浴洁齐，以致其敬，故谓之汤沐邑也。"②其后，秦始皇在统一六国前二年（前 219），率群臣东封泰山，开创了皇帝封禅泰山的传统。汉武帝更建立起了五岳四渎的山川祭祀格局，其在 21 年间 8 次亲至泰山封禅，还于泰山治诸侯邸，朝诸侯王、列侯，并分别于元封五年（前 106）、天汉三年（前 98）受计于泰山。"泰山及其周边的祭祀场所除了承担神圣的职事以外，也与世俗政事保持密切的联系。……泰山，藉由神圣与世俗两条通路，在武帝的国家祭祀中占据了核心的位置。"③

东汉班固在《白虎通义》中解释了举行封禅的原因："王者易姓而起，必升封泰山何？教告之义也。始受命之时，改制应天，天下太平，功成封禅，以告太平也。所以必于泰山何？万物所交代之处也。"④同时代的《风俗通义》也依据前代文献，解释了封禅地选择泰山的原因："尊曰岱宗，岱者，长也，万物之

① 泰安发布：《央视〈朝闻天下〉今天播出泰山壮丽日出为祖国献礼》，https://weibo.com/5603075231/I9sRPa3Ii?type=comment，发表时间：2019 年 10 月 1 日，浏览时间：2021 年 6 月 20 日。

② 陈梦雷等：《钦定古今图书集成》《方舆汇编·山川典》第二十二卷《泰山部杂录》。

③ 田天：《秦汉国家祭祀史稿》，生活·读书·新知三联书店，2015 年，第 193 页。

④ 班固：《白虎通义》卷五《封禅》。

始，阴阳交代、云触石而出，肤寸而合，不崇朝而遍雨天下，其惟泰山乎！"①由此可知，因泰山具有神圣地位，故每逢改朝换代，新君必封禅泰山，通过祭祀仪式，得到"天"的认可，确立自己统治的合法性，这实则是利用当时处于主流的知识，"让治下的子民相信，之所以要接受被其统治，不仅仅在于其手握刀枪，而在于他们是上天所指派、鬼神所护佑、历史趋势所保证的'神圣'力量。其构建起来的一整套说辞、话语、概念，让被统治者沉浸其中而不自知。"②

如果说秦皇汉武封禅泰山还夹杂着求仙飞升的私愿，及至唐高宗、唐玄宗时，个人迷信色彩明显淡化，国家安危与百姓福祉成为封禅主题，封禅玉牒上明确了封禅目的是"道在观政，名非从欲"。

综上可知，泰山封禅在成为国家祭祀的同时，也成为帝王宣告其统治正当性的政治符号，封禅仪式作为一套当时的主流知识话语系统，使得泰山成为"君权神授"的标志，具有了最高级别的政治地位。

一、泰山民间祭祀与国家祭祀的合流

历代帝王均选择泰山成为国家级地理标志，一方面固然是因为帝王正统的传承，另一方面，也可以归因于民间对泰山神的热衷。

泰山神，称东岳大帝，成书于汉代的《神异经》以及其后的《东岳大帝本纪》《历代神仙通鉴》等均称：东岳大帝是盘古氏九世苗裔金轮王少海氏与妻弥纶仙女所生之子，名金虹氏。此时的泰山神就已与开天辟地的祖神盘古产生了紧密联系，获得了超然地位。

至晚在汉魏时期，泰山神又有了冥界之主的身份。《后汉书·乌桓传》有言："中国人死者魂归岱山。"另外，泰山居东方太阳升起之地，也是万物发祥之地，因此，泰山神又有主生的职能。晋张华《博物志》言："泰山一曰天孙，言为天帝之孙也。主召人魂，东方万物之始，故知人生命之长短。"③ 主流宗教对泰山神的崇拜敬畏，更扩大了其影响力。道教和佛教，虽然各有其生死观，但均对秦汉时期影响巨大的泰山神表述进行了改编和转化。号为西汉东方朔所编（据信出于汉末魏晋之际）的道经《洞玄灵宝五岳古本真形图》称："东岳泰山君，领群神五千九百人，主治死生，百鬼之主帅也。"就连外来的佛教也接纳了中国本土的"死神"，在唐代形成的佛教地府十王说就将泰山神奉为第七殿地府王，专司热脑地狱。如此看来，自汉以来，泰山神的想象已逐渐被塑造为阴阳交代，

---

① 应劭撰：《风俗通义》卷十《山泽》。
② 孙英刚：《神文时代：谶纬、术数与中古政治研究》，上海古籍出版社，2015年，第14页。
③ 张华：《博物志》卷一《地》。

可召人魂魄、主人生死的强大神祇，其影响渗透入人们的生活，也令历代帝王从善如流地对泰山神尊崇加封。

《三教源流搜神大全》记载：金虹氏有功在长白山中，至伏羲氏时封为太岁。至神农朝，赐天符都官，号名府君。[①]汉明帝时，封为泰山元帅。从唐代开始，泰山神屡受帝王封祀。唐武后垂拱二年（686），封东岳为"神岳天中王"。武后万岁通天元年（696）又尊为"天齐君"。唐玄宗开元十三年（725）加封"天齐王"。宋真宗大中祥符元年（1008），诏封"东岳天齐仁圣王"，四年（1011）又尊为帝，称"东岳天齐仁圣帝"。其后，宋真宗降敕"从民所欲，任建祠祀"，各地纷纷建立东岳行宫，东岳信仰成为全国性的信仰。[②]泰山神也因此走出了泰山的地理限制，影响不断扩大，其受享祭祀的东岳庙（岱庙）遍布国土。每年农历三月二十八是东岳大帝的神诞，各地祭祀见诸历代典籍，至今仍然非常活跃。如：泰山之外，最著名的东岳庙是初建于元至治三年（1323）的北京东岳庙。元明清三代，北京东岳庙均受到皇室礼敬，成为朝廷举行祭岱仪式的场所。明清时期，朝廷虽不再举行泰山封禅仪式，但北京东岳庙却是道教在华北地区影响最大的庙宇。明人沈榜在《宛署杂记》便记载了官方的东岳庙祭祀："城东有古庙，祀东岳神，规模宏广，神像华丽。国朝岁时敕修，编有庙户守之。三月二十八日，俗呼为（神）降生之辰，设有国醮，费几百金。"[③]

统治者对于泰山神民间信仰的推动，实质上有着明确的政治目的。"一种观念要想影响政治走势和思想变迁，往往需要植根于大众所能接受和认知的既有知识和信仰之上，而不是仅仅停留在少数精英知识分子的喃喃自语中。……从政治思想史的意义上说，引发政治狂潮的并不一定是被后世认为最为精妙和'科学'的学说，而是植根于主流心态中的思想意识。"[④]人间的帝王封神，不仅是神权与皇权的此消彼长，还提高了神在民间的地位，更能教化民众，推行政令。对于泰山神祭祀的参与与引导，实质上也推动了"君权神授"的政治象征符号在民众心中的普及与深化。即便是在明朝，朱元璋去东岳封号时，其原因也并非对其不以为然，反而是"因神有历代之封号，予起寒微，详之再三，畏不敢效……神之所以灵，人莫能测。其职受命于上天厚土，为人君者何敢预焉"[⑤]，

① 《三教源流搜神大全》一卷《东岳》，清刊本，西岳天竺国藏版，第二十一页。
② 文献梳理参考林巧薇：《北京东岳庙与明清国家祭祀关系探研》，《世界宗教研究》2014年第5期。
③ 沈榜《宛署杂记》卷十七《民风一土俗》，北京古籍出版社，1980年，第191页。
④ 孙英刚：《神文时代：谶纬、术数与中古政治研究》，上海古籍出版社，2015年，第16页。
⑤ 见明洪武三年（1370）六月，明太祖朱元璋御制"去东岳封号碑"碑文，此碑立于岱庙天贶殿前西碑台上。

言明人皇不敢凌驾于神明之上，因此不敢封神，但下令仍继续"依时祭神"。

由此，泰山同时兼具了官方和民间的双重认同，成为中华第一神山。帝王们在泰山的神位问题上，一手抓行政级别：封禅特权；一手抓民间力量：信仰崇拜。

二、清帝对于泰山祭祀的新叙事

值得注意的是，虽然清承明制，停止了封禅，清代皇帝的泰山祭祀却更加频繁。清康熙皇帝三次亲临泰山，两次登顶，并在岱庙向东岳大帝行二跪六拜之礼。而乾隆皇帝到泰山的次数更是帝王之最，从乾隆十三年（1748）到乾隆五十五年（1790）间前后共 11 次亲临泰山，其中 6 次登顶，共留下颂岱诗 84题，132 首。此外，清廷不仅将北京城朝阳门外东岳庙所奉的东岳大帝列享群祀，还在天坛设祭时，让五岳神也配享。更有甚者，在祭祀东岳大帝之外，清廷还重新"发现"了泰山女神碧霞元君①，将其受享的祭祀级别升格到了国家祭祀。

实际上，清代前中期国家对东岳神灵的祭祀重心已逐渐从东岳大帝转向碧霞元君。因辽东与山东的地理关系，清朝入关前，碧霞元君就已获得了满洲人的普遍认同，后金时期（天聪九年，1635），皇太极便在盖平城敕修娘娘庙，并立有《敕建重修娘娘庙碑记》。康熙帝开启了登泰山亲祀碧霞元君的成例，雍正帝更将碧霞元君的象征意义从民间的生育、家族之神，升格为"奖孝褒忠"的护国神，意图用碧霞元君的影响力去抵消各种反清民间宗教组织的影响力。此后的乾隆帝更是在"碧霞元君"与"东岳大帝"是正祀或淫祀的问题上独排众议，在《重修碧霞元君庙碑记》中将二者并置，认为其是"二乎一乎"的关系。②学者认为这种重视，是"基于安抚民心的政策需要，……碧霞元君信仰经过明代三百多年的发展，形成了庞大的信仰势力，自然也会成为清朝统治者拉拢利用的对象"③。其实，不管是东岳大帝还是碧霞元君成为国家祭祀的对象，都是民间信仰与官方政治互利共生的事件，这看似是信仰问题，实则是帝王治术。

清朝对泰山神的皇家祭祀是别开生面的。作为异族入主中原，一直备受"华夷"问题困扰的清代帝王，在处理民族关系、文化差异以及强化国家一体化建设的问题上，可谓殚精竭虑。对泰山祭祀的处理上，虽不再封禅，封禅却并没

① 王元林、孟昭锋：《论碧霞元君信仰扩展与道教、国家祭祀的关系》，《世界宗教研究》2010 年第 1 期。

② 周郢：《泰山碧霞元君祭：从民间祭祀到国家祭祀——以清代"四月十八日遣祭"为中心》，《民俗研究》2012 年第 5 期。

③ 叶涛：《碧霞元君信仰与华北乡村社会——明清时期泰山香社考论》，《文史哲》2009 年第 2 期。

有被遗忘，甚至历代封禅行为都要被丑化，反衬己方祭祀的爱民初衷。比如，乾隆皇帝在诗文中就屡屡表现出对封禅的鄙夷。他的诗作《登封台》写道："登封降禅古来传，总属夸为可鄙旃。造极至今凡六次，无他只谢愧心虔。"意即古帝王封禅是浮夸虚伪的，并非实政，自己六次登泰山极顶，只是怀着敬天的心，而非自我吹嘘。其所撰的《谒岱庙诗碑》也称："来因瞻岱宗，岱庙谒诚恭。封禅事无我，阜安祈为农。代天敷物育，福国赐时雍。九叩申虔谢，八旬实罕逢。"表明登岱不为封禅，只为虔诚地为民祈福。作为入主中原一统天下的异族帝王，还有什么比"以民为本""勤政爱民"更好的形象呢？

对于封禅的政治作秀是可以大加嘲讽的，但对于深入民心的泰山信仰，却不能妄加诋毁，甚而还要更加虔诚。顺治帝亲政之后，改变了此前对汉文化的打压政策，下旨恢复了明亡以来中断的泰山祭祀。这一举措，深得汉族臣工的拥戴，《重刻岱史序》就称此举"将以兴百年之礼乐，高一代之制作"。康熙帝在位期间为了削弱"华夷之辨"的杀伤力，处处表现出对汉文化的尊崇，多次南巡。其间最具代表性的活动有：祭明孝陵，三跪九叩，立"治隆唐宋"之颂碑，宣告继承治统；谒孔林孔庙，三跪九叩，赐"万世师表"之匾额，示意尊奉道统；此二者可谓对古老"中国"政治文化传统的继承宣告，在政治意义上，与前代帝王封禅之举异曲同工。而亲临岱顶，二跪六叩，之后又发"泰山龙脉"之创论，则可谓捏合族群重塑国家认同的创举。

康熙四十八年（1709）十一月二十四日，康熙帝在畅春园同李光地等人议政之后，忽对泰山山脉的源起发问。李光地奏曰："大约从陕西、河南来。"康熙则作出了反驳："不然，……凡山东泰岱诸山来脉，俱从长白山来，来龙甚远，不知里数。"[1]其后又专门撰文《泰山山脉自长白山来》，其文称："古今论九州山脉，但言华山为虎，泰山为龙。……总未根究泰山之龙，于何处发脉。朕细考形势，深究地络，遣人航海测量，知泰山实发龙于长白山也。"[2]在明代，风水堪舆家们明确提出了泰山龙脉发源于西部的华夏祖庭昆仑山，而康熙却反驳道："以泰山体位证之，面西北而背东南。若云自函谷而尽泰山，岂有龙从西来而面反西向乎？"并从自然地理、风水形气、前人典籍等多方面力证"泰山实发龙于长白山"。这当然并非地理大发现，其背后有着深刻的政治意图。

---

① 《清实录·圣祖仁皇帝实录》卷240，前引书，康熙四十八年十一月庚寅。
② 《圣祖仁皇帝御制文集·四集》卷二七《杂著·康熙几眼格物编》。

第二节　从边疆走向中心的长白山

长白山，《山海经》称作"不咸山"，自南北朝以后，又有"徒太山""从太山""太皇山""太白山"之称，直至辽金时期，才得长白山之名，又被女真人称为"白头山"。[①]这个地区先后生活着肃慎族系、秽貊族系、东胡族系和华夏族系的人民。[②]历代史料显示，长白山自周秦以来，就在中原王朝行政建制管辖之内。从秦汉时期设辽东郡，到隋唐时期征伐高句丽收复辽海地区，到辽、金、元各朝设立完备的行政建制，再到明朝设奴尔干都司驻军于此，长白山都在事实上成为中原王朝的边疆。

跟泰山一样，长白山被视作神山的历史也与其有人居住的历史一样久远。其古名"不咸"，有学者从语音学出发，认为是古肃慎语，与赫哲语、满语近似，有"鬼魂"之义，指出："此山是其民族的魂世界，使现实界死而离散之魂有所归依，又使现实世界新生之人有了魂魄可以附体的保证，因此，作为'不咸'的长白山，才从生与死两方面具有了最初的文化功能，成为一座非世俗界的圣山。"[③]这与泰山的民间信仰情状类似。

对长白山神的国家祭祀，现有文献资料显示肇始于金代。长白山为金"兴王之地"，故在大定十二年（1172）十二月，被封为"兴国应灵王"，于明昌四年（1193）十月，又被册封为"开天弘圣帝"。近期的考古成果也已证实：获评"2017年度全国十大考古新发现"之一的位于吉林省安图县的宝马城遗址，就是金代祭祀长白山的神庙遗址。

与泰山祭祀一样，金人封祀长白山也不仅出于信仰，更有明显的政治诉求和文化取向。金朝效仿中原王朝的国家体制，设立了完善的山川祭祀制度，对岳镇海渎的封爵也与北宋相同，实乃以中原王朝的正统继承者自居，从而否定对峙的南宋的政治法统。不过，在汉化改革的同时，金人也清醒地意识到保存女真文化传统的重要性，祭祀长白山就是其中一项措施。长白山祭祀与岳镇海渎祀礼并存，成为金朝山川祭祀的二元格局，并且二者之间地位有着微妙的变化。就封爵而言，五岳皆封为帝，长白山初封为"王"，级别低于五岳。金世宗朝的"方丘仪"排列山川神祇的顺序为"东岳、长白山、东镇、东海、东渎"，

---

① 苗威：《"长白山"考辨》，《中国边疆史地研究》2009年第4期。
② 刘厚生：《长白山文化的界定及其他》，《中国边疆史地研究》2003年第4期。
③ 苗威：《"长白山"考辨》，《中国边疆史地研究》2009年第4期。

可知此时长白山在山川祭祀体系中位于五岳之下、镇海渎之上。然而章宗加册长白山为"开天弘圣帝",显然已将长白山升格为与五岳同尊。就祭祀规格而论,长白山祭祀虽然具体环节与五岳相同,但在每年的祭祀次数上却体现出了优越:长白山为春秋两次致祭,而五岳则各于五郊迎气日致祭一次,因此长白山的祭祀规格实际上是高于五岳的。[①]

清代统治者对长白山的崇敬更甚于金朝,如前文所述,还进一步将族源与之联系起来。清廷入主中原后,对长白山崇祀规格日加,始终将长白山祭祀与祖先祭祀融为一体,定为国家大典。

由此可知,康熙对"泰山发龙于长白山"的观点并非一时心血来潮,而是经过了充分的酝酿准备,且让我们梳理出一条时间线[②]:

(1)康熙帝即位(1662 年)遵守传统遣使致祭泰山。

(2)泰山设祭十五年后(1677 年),方设祭长白山。《大清会典》载"康熙十六年以长白山系祖宗发祥重地,照岳镇例,封为长白之神,每年春秋二祭",此时长白山祭祀典仪等级还是效仿"五岳"祭祀的,与五岳等级并列。康熙十七年(1678),康熙第一次东巡吉林,在松花江畔温德亨山设坛亲自望祭长白山,写下《望祀长白山》,称"千秋启佳兆,一代典仪尊"。此祭堪称满族祭祖的第一次盛典。

(3)亲祀长白山六年之后(1684 年,康熙二十三年),康熙帝才亲临泰山祭祀;并且,亲自"细考形势,深究地络",还"迁人航海测量",察觅山脉走向。

(4)亲祀长白山三十一年后(1709 年,康熙四十八年),康熙帝在畅春园定调"长白山乃泰山之祖龙",赋予了"长白山"超然的地位:一座数千年来默守边疆的偏僻远山,凌驾于象征数千年中原政治文明正宗的顶级神山之上。

从康熙元年(1662)到康熙四十八年(1709)这四十七年间,两座神山地位的此消彼长,显示出"泰山对话"是一个深思熟虑的文化战略,要借泰山谋局提升长白山的地位。其言外之意,无非表明满族入主中原,是承昊天之神运,沿地祇之龙脉,具有正统合理性。而且,长白山脉北至清太祖、太宗之山陵,西入清室先祖山陵(永陵)之所在地,泰山,又是长白山西向这一支脉的延伸与归结点。也就是说,"满族之兴起、发达,由长白山而兴京、盛京,都处在与泰山相连的同一系统的龙脉体系之中,发祥轨迹步步与这一体系相合而未脱离,

① 邱靖嘉:《金代的长白山封祀——兼论金朝山川祭祀体系的二元特征》,《民族研究》2019 年第 3 期。
② 参见《大清会典》《清实录》等典籍记载,并参考周郢《文史论文集》"泰山历史年表",山东文艺出版社,1997 年,附录。

绝不是无根由的旁系进入"①。经过这番宏论，长白山的神圣地位得以大大提高。于是，在康熙朝编纂的最大类书《古今图书集成·山川典》中，长白山得以位列第一。"山川典"里泰山所占的表述分量极重，除五岳合述之外，其专述就占据了从第 13 卷到第 22 卷的 10 卷之多，这是历史积淀使然；而作为"国朝发祥地"的长白山，在"五岳总部"之后就首先得以单列，其作为山峰名列第一，位于泰山之前，已可见其升为"国朝"第一山的地位。

清代帝王在处理族群问题时，其对外宣传基调一贯是"满汉一家"，对满族内部又分外强调"祖宗家法"。其封神设祭长白山，是为追本溯源凝聚满洲认同的一大策略；扩大长白山神话的影响、提高长白山地位是为了彰显族群非凡的身份，与历代王朝神化祖先的行为异曲同工，也是清代帝王有意识地将自身融入中华帝系的自觉表述；而将长白山作为"泰山"的祖龙，则既有为"满汉一家"张目、糅合族群之意，又不乏"我族"为帝国之首的自矜之心。

康熙此论一出，便受到满汉臣僚，尤其是汉族士绅的积极拥护。李光地在召对之后，撰写《上谕泰山脉络恭纪》，称："倘非皇上灼知而发明之，则遗经之指，千载梦梦也。"此后，乾隆间泰山学者聂钦《泰山道里记》道："盖自圣祖御制《泰山龙脉论》出，而百家息喙矣。"清代的文学作品中，袁枚的《随园诗话》，王培荀的《乡园忆旧录》均对此论大加赞颂。魏源的《岱岳吟》等诗均依此论言之凿凿："呜呼！岱宗之脉胡来哉？或言辽东渡海来，不然中原莽荡数千里，何以截起平地雄崔嵬。"②

但这一论调在民国时期却遭遇了颠覆性的质疑。其时投身反清斗争，鼓吹种族革命的章太炎在与友人书信中称："向闻清主泰山为长白山回脉之说，亦颇信之。近因考满洲事状，彼于康熙十七年（1678）尚不知长白山安在，而令吴木呐等探索，乃遂妄谈山脉，是本悬揣之谈。……清主所论，实属妄谈。盖时犹信堪舆之说，欲举中国孔颜诸圣，悉谓之长白山灵所生，以此夸耀于我耳。"③章太炎明确指出康熙论调的政治目的，并以现代地理学驳斥其荒谬，还致函中国早期的地理学名家张相文，请其相助参订。张相文是隶籍同盟会的革命者，亦是辛亥革命的积极分子，其回信亦罗列现代地质学的确凿证据，批驳道："谓泰山为长白之回脉，其说固大谬不然。"④这一反对声调是针对当时的清朝复辟活

① 杜家骥：《清代满族皇帝对长白山的高度神化及其祭祀之礼》，《满族研究》2010 年第 3 期。
② 《泰安日报》金周刊 04-05 版《泰山龙脉民族纽带》2012 年 01 月 20 日。
③ 张相文：《南园丛稿卷九·沌谷笔谈卷一》，影印本，第 25 页。
④ 张相文：《南园丛稿卷九·沌谷笔谈卷一》，影印本，第 27 页。

动有的放矢，可谓汉族种族革命论者与满洲复辟势力的一次交锋。[①]

更有意思的是，就在泰山旁，山东也有一座长白山，晋便已有此名，远早于金代得名的吉林长白山，晋书《抱朴子》、道教《五岳真行图》等均称其为"泰山副岳"，清代山东学政施闰章、山东盐政李兴祖也均有《望长白山》《长白山诗》。收录于明代编撰的《万历续道藏》中的《元始天尊说东岳化身济生度死拔罪解冤保命玄范诰咒妙经》，以及今日仍在道教信众中流传的《东岳大帝宝诰》，对泰山神东岳大帝的描述都是"昔建功于长白，始受封于羲皇"[②]，意味着长白山是深受泰山神庇佑的疆土。《万历续道藏》是明神宗万历三十五年（1607）命第五十代天师张国祥续补《道藏》而作，此文收录于其中，可见明代朝野对于泰山与长白山的关系定位。其时，清朝的前身后金政权尚未建立，吉林那座长白山更要待30年后才能取得皇族族源的身份。两座长白，虽则同名异地，但民间的口头表述与上层的书面表述之错位对照却让人甚感吊诡。

第三节　追寻昆仑

其实，联系民国时期对作为汉人正统王朝的明朝的普遍性想象再造，就更明白章太炎驳论背后的政治与族群色彩。清帝逊位，迎来民国，1915年，袁世凯就任中华民国大总统，颁布了新国歌，歌词为："中华雄立宇宙间，廓八埏，华胄从来昆仑巅，江湖浩荡山绵连，共和五族开尧天，亿万年。""中华""华胄""共和""五族"等概念共立，可见其融合族群为中华一体的政治理念；其中"华胄从来昆仑巅"，更明确指出昆仑是中华的发祥之地。这种定位并非无源之水，而是与历代对昆仑的想象，尤其是明朝对昆仑的极力推崇一脉相承。民国时期，为了排满反清，对明朝有着普遍性的想象再造，因此，清帝的"谬论"要拨乱，而明代昆仑为泰山祖龙的朝野共识更需要反正。

明万历时地理学家王士性在《广游志》中称："自昔堪舆家皆云天下山川起昆仑，分三龙入中国。……起泰山入海，是为中龙。……古今王气，中龙最先发，最盛而长。……泰山塞护海东，王气不绝。"还特别指出："我朝王气何如？曰：俱非前代之比。前代龙气王一支，惟我朝凤、泗祖陵，既钟灵于中龙之汇，留都王业，又一统于南龙之委，今长安宫阙陵寝，又孕育于北龙之跰，兼三大

---

① 具体论争参见周郢：《从"泰山龙脉"之争看满汉文化的冲突与融合》，《泰山乡镇企业职工大学学报》1999年第1期。

②《道藏》第34册，文化出版社、上海书店、天津古籍出版社，1988年，0731a页。

龙而有之，安得不万斯年也。"①此能得"万斯年"的"王气不绝"自然被已入主中原的清朝皇帝视为大患。

古老地脉观念、地理学山脉观念与昆仑神话的融合所形成的昆仑龙脉观念以及由此而来的堪舆三条干龙说，在明朝社会可谓朝野认同的共享知识。明朝定都北京时为引龙脉，人工垒筑了一座土山命名为"万岁山"，将来自昆仑的元气通过太行山、燕山、天寿山的北干龙引入紫禁城。②儒生徐善继、徐善述兄弟的《人子须知》，从风水角度论证了明朝皇权的正当性，在民间影响极大；而明祖陵、皇陵、都城均被论证为三大干龙王气所钟，以至于明亡国前夕君臣还在沾沾自喜，崇祯皇帝更强调说："这三大干都从昆仑山发脉来。"③明代《三干总论》更明确："三干之龙，中干最尊……故历代以来，如汉高祖之泗上，汉光武之白水村，宋太祖之夹马营，我太祖之钟离，皆在中干。"④此处由汉至明的帝王世系传承已清晰地被表述为：皆在发源自昆仑的中干龙脉。而祖源不在中干的清朝帝王如何解释自己"奉天承运"呢？是故，康熙皇帝必要以满族源起的长白山取代昆仑成为泰山源头。

袁世凯颁布的新国歌中"华胄"被表述来自"昆仑"，清楚地定位了华夏族群的发祥之地，这与章太炎反对泰山源于长白一样，有种"正本清源"的政治意图。从"巅"的表述，我们也知道，此时的"昆仑"乃是一座大山的形象。但"昆仑"形象演变之繁复却绝非与之纠缠不清的泰山、长白山可比，即便是作为一座山，其地理位置之缥缈也与疆界清晰的两山大异。

一、历史表述中的昆仑

关于"昆仑"的记载最早见于先秦典籍《山海经》《竹书纪年》《穆天子传》和《尚书·禹贡》等书。典籍们的成书年代虽有争议，但可以确定的是，昆仑一词至迟在战国时期已经出现。历代学者对其认识各异，分别认为昆仑是天下之中、是天帝的人间都城、是混沌状态、是人间乐园，或者是祭坛等；也有根据古语方言推论其发音为"鸟屋"、图腾、部族的。其中，昆仑为西方高山这一说法渐渐成为普遍认同。

---

① 王士性著，周振鹤编校：《王士性地理书三种·广游志》，上海古籍出版社，1993 年，第 210-211 页。

② 王子林：《皇城风水：北京——王不得不为王之地》，紫禁城出版社，2008 年，第 106-107 页。

③ 具体论述详见段志强：《经学、政治与堪舆：中国龙脉理论的形成》，《历史研究》2021 年第 2 期。

④《古今图书集成》第 183 册，中华书局影印本，《山川典》第 9 页。

《山海经·西次三经》言"昆仑之丘，是实惟帝下之都"，指其为天帝的"下都"；在《山海经》其他部分，昆仑均以大山的面目出现，充斥着无数奇葩异兽，神魔妖怪；其后的先秦文献中，《楚辞·天问》与《史记·大宛本纪》引用的《禹本纪》均以此山为天帝所居；《穆天子传》明确其为"黄帝之宫"；《淮南子·地形篇》则更详尽地描写了昆仑山不仅有仙花瑶草更有万千宫阙，并称大禹为了治水，"掘昆仑虚以下地"，使原本的帝之上都变成下都，更明确表示昆仑山极高，随着层层攀高，可以"登之而不死……登之乃灵……登之乃神"，最后直达"太帝之居"，解释了昆仑山的"神山"和"天梯"的神圣地位。①神话学家们认为，"在神话学上，昆仑无论是规模还是特质都属于'宇宙大山'或'世界大山'，也就是所谓'中心山'"，而之所以选择昆仑成为中心，重要原因之一是"发祥于昆仑区域的黄帝集团及其后裔，亦即夏周两族在中原及其周遭建立并巩固强大的王国，必然大力揄扬其发祥地"②。这一论断，清楚地指出了在漫长的历史进程中，昆仑山对于华夏族群意识凝聚的意义，也明确了民国时期对"昆仑祖庭"进行形象再造的意图所在。

昆仑，虽然被普遍认识为一座山，但是对于地理上昆仑究竟在何处，历来争论不休。即便在《山海经》中，各部所述亦不统一，有言其处于西的，也有言其立于东、甚至立于北的。于是，毕沅释经时就道：是昆仑者，高山皆得名之。不过，昆仑山究竟还是因其天帝都城的神圣和可通天成仙的神异，让历代"天子"为之痴狂，对求仙之事近乎走火入魔的汉武帝最后将"昆仑山"之名赋予了西方于阗的南山。不过很多学者对此不以为然，连司马迁也认为于阗南山远配不上昆仑之名，后世人对昆仑的具体所在各有论证，言其在西宁、肃州、新疆、青海西南、卫藏之北，甚者在北印度、在海外等众说纷纭。

笔者以为，比起追寻昆仑的确切地理位置，更有价值的是追问为何对其位置出现了如此多的表述。顾颉刚先生解释这是源于昆仑山"在《山海经》中是一个有特殊地位的神话中心，也是一个民族的宗教的中心"。③叶舒宪等学者在论著《山海经的文化寻踪》中梳理了"昆仑"获取世界中心表述的历程：从文献而言，"昆仑中心"之说从先秦到两汉颇为盛行，直至唐宋时期，昆仑仍有"天地脐""天地心""天地骨""中镇天心"等称谓，跟"嵩山、泰山等争夺'世界中心'的地位"。究其原因有以下几个方面：①多族群时代的多中心之一；②随着上古丝绸之路西域通道的开辟，成为世界中心的东方伊甸园；③出于"大一

---

① 袁珂：《中国神话史》，北京联合出版公司，2018年，第35-53页。
② 叶舒宪、萧兵、郑在书：《山海经的文化寻踪上》，湖北人民出版社，2004年，第708页。
③ 顾颉刚：《〈山海经〉中的昆仑区》，《中国社会科学》1982年第1期。

统"政治需求而被强大王国宣扬的发祥圣地；④ 是在战国时期兴盛的"天圆地方"盖天论宇宙模式影响下，对应"天中"确立起来的"地中"。①

由此可见，昆仑其名较之其实，对于凝聚认同更为重要，所以，历朝历代的官方表述都是根据自己的政治诉求来确定"昆仑"所在。就同论述泰山发脉于何处一样，文化与政治意义远远超过了地理事实。泰山先一步获得了成熟稳固的文化认同与政治象征，昆仑山与长白山作为政治问题上的后继者也就在表述上争取与泰山链接的意义。

二、昆仑山与泰山

昆仑与泰山的关系，可以追溯到在泰山封禅史上写下浓墨重彩的汉武帝。他根据方士所献《黄帝时期明堂图》，在泰山建立了可以"通神灵，感天地，正四时，出教化"的明堂，图中"有一殿……命曰昆仑，天子从之入，以拜祠上帝焉"。此处天子祭天的祭台名为昆仑，与《山海经》中之昆仑虚，同义同功，并非山川，却具有同样的神圣性。泰山能成为政治第一山，也与武帝求仙的愿景紧密相关，明堂之所以采用黄帝式，也是源于黄帝乘龙升天的传说，昆仑乃黄帝居所，因此在泰山之上设昆仑拜祭上帝。

在民间有着极大影响力的风水堪舆术将神秘的昆仑视为华夏祖龙，确立起了"三干"说，由此滋生了中原王朝虽改朝换代亦是出于一家神力庇佑之下的帝王体系，拥趸众多，抢占了舆论优势，也成为康熙皇帝一定要颠覆的标靶。诡异的是，清帝在表述上虽驳斥昆仑龙脉说，在"实用"时却是默认的——康熙年间始建的圆明园就是在自然山水的基础上仿照昆仑山三大龙脉的模式设计、修建而成的。②清朝皇室仍然是昆仑龙脉说这一理论的消费者，他们仍然渴望受到昆仑神秘力量的庇佑。这也越发说明，祖庭昆仑与新贵长白山的源头之争，不外乎是新旧政权的话语权之争。

来自帝王、革命者、民间信仰的多方叙事，宛如一场跨越历史的辩论，泰山、长白山、昆仑山之间的关系变幻，正是其间认同与民族融合的进程照鉴。

而这一进程并未停止，还在延续。实际上，在章太炎与张相文驳斥康熙论调的次年，著名地质学家翁文灏就发表了《中国山脉考》，以全新的地质学理论，对泰山龙脉东、西之争作了重新审视，用现代科学的眼光，指出论争双方均缺乏依据，也意味着关于泰山发源的讨论，脱离了族群政治斗争的色彩。

---

① 叶舒宪、萧兵、郑在书：《山海经的文化寻踪上》，前引书，第 706-711 页。
② 于涌：《移天缩地到君怀：圆明园文化透视》，海天出版社，2012 年，第 117 页。

而抗日战争的爆发，更使长白山走出了满汉族群的嫌隙，这一时期的歌谣唱道：

长白山上红旗飘，抗日歌声透九霄，齐心合力打日本，收回三省救同胞。

头道沟，二道沟，抗联住在那道沟？大青山，小青山，抗联住在那座山？……要问抗联有多少？千千万，万万千，中华民族都抗日，万众一心保家园。

祖国家庭血脉通，国难当头勇出征；杀敌天职人皆有，血肉筑砌万里城。

天池水，明如镜，照得日月照星星。……老百姓，齐行动，保国杀敌真英勇。不是池水有神通，祖国江山在心中。①

从歌谣里可以看到，当敌对的他者变为日本侵略者时，长白山与泰山争雄的时代过去了，在民众的自发宣传和普遍共识里，长白山如同"黄山黄河、长江长城"一样，已经成为"中华民族"和"祖国家庭"的一员。当歌谣中出现"万众一心""血肉筑砌万里城"的时候，轻易就让人想起了作于同时代的国歌。

不同于泰山、长白，由于昆仑山的地理位置不定，文献中一直未见昆仑山拥有国家级祭祀。反而是近年来，出于文化旅游开发等目的，各地纷纷举行昆仑祭祀典礼，如：2015 年由香港大公报社等媒体发起的昆仑祭祀，2017 年 1 月 18 日在新疆叶城县举办的昆仑山祭祀大典②，从 2018 年到 2020 年由格尔木市人民政府等举办的昆仑山敬拜大典③。

在 2015 年的昆仑祭祀祭文中，其开篇记时为"时值中国人民抗日战争暨世界反法西斯战争胜利七十周年"，时间上昭示了一个经历多次融合的族群反抗外敌的共同记忆。其颂道："巍峨昆仑，气贯华夏；万山之宗，始佑炎黄；精神家园，民族发祥；神州之根，瑞呈万象；蕴我中华，福寿绵长。伏惟天德垂慈，广济中华气象。地载恒德，祈佑正脉炎黄。"将"昆仑"明确为"华夏"民族、"炎黄"子孙的"发祥"之地、"精神家园"。在向昆仑祈祷的时候，其愿涉及了

① 赵亚宏：《试析长白山抗战歌谣主题意蕴的丰富性》，《通化师范学院学报》2005 年第 3 期。
② 叶城县官网：叶城县宣传部《叶城县几班新疆首次昆仑山祭祀大典引百位企业家参与》，http://www.xjyc.gov.cn/html/sytjtp/2017-1-19/00GGD9IB9G70302.html，发表时间：2017 年 1 月 18 日，浏览时间：2021 年 9 月 13 日。
③ 青海新闻网：青海省国际互联网新闻中心《"2020 格尔木昆仑山敬拜大典"举行》，https://baijiahao.baidu.com/s?id=1676266704536536480&wfr=spider&for=pc，发表时间：2020 年 8 月 28 日，浏览时间：2021 年 9 月 13 日。

民族、国家、人类世界三个层次："国祚永固，人类文明，社会和谐；兵戈殒消，世界和平。"明确宣号："华夏民族，炎黄子孙；举国上下，万众一心；盛世中华，其运维新；祖业千秋，蒂固根深；道德源远，文明甚深；江山社稷，天长地久；华夏精神，不朽长存。"①在这新时代的颂词与祷词中，我们看到了传统与现代的糅合，看到了国家认同与民族团结，更看到了中国与世界的链接，展示出现代中国表述内涵的丰富与多面。

小　结

政治学认为，领土认同是国家认同的基础。领土之上的象征性地理符号，是凝聚国家认同的突出标志，历代帝王对于山川表述的热衷，实源于此。在清朝，帝王们的类似地理表述倾向还有开疆拓土之后记功以还、绘制全境地图、学宫立碑昭告军功等行为。清代帝王站在历史中国的肩膀上，超越前人，开拓了属于自己的中国理解，他们对疆土的意识和国家权力的实际影响力有着清醒和坚定的认知。本章所呈现的三座大山地位的变化与此消彼长，就折射出清朝帝王对族群与大一统中国的幽微心态，以历代帝王继承者的身份顶礼泰山，将自己的祖先发源地揉进泰山所属的龙脉之中，更将之塑造为龙脉源头，以示自己非凡的元首身份，更借否定昆仑源头说打压曾经和一直潜在的政敌他者。

这其实也并非孤例。在国家版图之上的名山大川都肩负着确认国家权力的使命，无论是上古就入于中原传统的五岳四渎，还是新入版图的边疆山川。乾隆年间平定准噶尔后，就在国家版图边缘的新疆大山，用中国传统的山川祭祀、勒石方式，公告、铭记国家对新疆的权力。天山山脉东段最高峰所在的博克达山早在唐代就被称为"天山"，是西北各族公认的神山，乾隆将包括博克达山在内的新疆二十余处山川列入了官方祀典，表明清朝对西域的经营超过了此前任何一个朝代。实际上在征伐的过程中，乾隆帝就已经分别于乾隆二十年（1681）、二十二年（1683）行军之时，颁文告祭博克达山。在乾隆二十四年（1759），战事结束后，又颁布了《岁祭博克达鄂拉文》，将对此山的祭祀列入国家祀典，并定为常例昭告每岁祭祀。诸祭文均以乾隆口吻写就，称"（朕）中外一视。准噶尔部落，向远王化……虽在殊荒，均之赤子"，"朕缵承祖绪，中外一家。……兹以西边陲小丑，负恩作叛，煽惑边疆"，"朕继绪不基，辑宁函夏。遐方效顺，诸部归心。……远近倾心，抚皇舆于绝漠。……曩者大军燮伐，宣威会告山灵。

① 大公网：香港大公报社等：《祭祀昆仑山祷文》，http://news.takungpao.com/mainland/focus/2015-09/3168665.html?bsh_bid=1560535007&from=singlemessage2015-09-16，发表时间：2015 年 9 月 16 日，浏览时间：2021 年 9 月 13 日。

今兹重译归怀，将礼用酬神贶。右享还齐于岳渎，西陲永奠于遐荒"。①通览上下文可知，此处"中外"乃是类似传统的中原与"边疆""边陲"的区域概念，而非两国概念，因此才说，西域"虽在殊荒，均之赤子"。在此关系下，准噶尔战争的性质就被定义为"王师"平定叛乱。而作战胜利，平叛乱成功，乃是"仰赖洪庥，实资默赞"，得益于博克达山神的庇佑，因此，要用定时享用国家祭祀的方式来报答山神，使之"右享还齐于岳渎，西陲永奠于遐荒"。明确将"建标西域，耸峙万山"的博克达山与中原地区的传统祭祀对象"岳渎"相提并论，也就是说，"此地山灵与岳渎现在地位相等，一方面表达了对博克达山的尊崇，一方面传递了这样的信息：此山的神灵，与岳渎所代表的其他山川神灵处于同一个体系中"②。从此，以这座边陲神山为代表的众多山川，成为新的"中国"边疆的象征符号。

为彰显对新疆的所有权，统治者不仅仅在当地勒石建庙，更在太学立碑铭记——在《平定准噶尔告成太学碑》碑文上，乾隆皇帝批驳了前代对边疆的羁縻政策，"守在四夷、羁縻不绝、地不可耕、民不可臣"的论调是"此以论汉、唐、宋、明之中夏，而非谓我皇清之中夏也"③。此处明白以"中夏"这一传统中国政治单位自居，同时又明白宣告自己要超越前人，清代的中国建立了新的疆域与国家、族群观念，并且昭告学宫，告知所有作为官僚备选人的士人，让这个新的观念成为知识精英，特别是占人口与文化历史优势的汉族知识分子的共识。

清帝对山川的认知和表述当然不止上述案例，各位方家已对清朝广泛的山川祭祀多有论述，无须赘言。山川本自然地理，但在国家意识中，其更是国家版图、权力范围的标志。清帝如何表述山川，实际就是在昭示其如何理解自己所统治的国家。从中央到边疆，随着时间推移，清帝们对治下中国所辖的版图和边疆有了越来越清晰的认识，相对地，对于外国也有了较之前代更清楚的感知。

---

① 钟兴麒等校注：《西域图志校注》，新疆人民出版社，2002年，第317-318页。
② 王平、何源远：《清代新疆博克达山官方祭祀与王朝秩序》，《民族研究》2018年第3期。
③ 葛兆光、徐文堪、汪荣祖、姚大力等：《殊方未远——古代中国的疆域、民族与认同》，中华书局，2016年，第407页。

第六章

从外邦发现『中国』

历代清帝对中国的认识呈现了一个逐渐清晰的过程。郭成康的《清朝皇帝的中国观》一文，详细梳理了历代清帝对于"中国"的认知，也明确了自初代帝王努尔哈赤起，爱新觉罗氏的皇帝们就已经有了清晰的认同方向："努尔哈赤和皇太极从来没有自外于'中国'，在不脱离大中国的大前提下，努尔哈赤父子对自己政治地位的体认与传统儒家的国家观并无二致。恪守祖宗家法的清太祖、清太宗的后世子孙们，将在更加广阔的政治舞台上，以天命所归的'天下中国之主'的角色，解释、演绎和推广开国时代的理念和经验。"①随着时间推移，继承了"普天之下，莫非王土"政治理念的清帝，对广阔版图有了更自觉的管理意识，也正由此，其对国家边界的感受越发清晰，边界之外是他邦，而边界以内，对自我的定位越发明确地指向"中国"。

早在顺治十三年（1656），清廷与厄鲁特蒙古因边境人口归属发生了纠纷，顺治帝在与厄鲁特蒙古的往来公文中明确使用"中国"一词来强调边境划分："傥番夷在故明时原属蒙古纳贡者，即归蒙古管辖，如为故明所属者，理应隶入中国为民。"②此处的"中国"已并非指传统意义上的中原，而是指清帝国的全部统治区域，"理应"的笃定语气，也昭示着清帝对承继明朝的政治合法性的自信，同时还隐含着言外之意：无论明清，都是"中国"的所有者。"隶入中国为民"则意味着对"傥番夷"为中国人的身份定位，也凸显了厄鲁特蒙古在中国之内的意识。

对国家的理解，不仅决定于对内部边界的认知，还有赖于与疆界之外的他邦打交道，树立其异于中国的他者意识。康熙二十八年（1689），清与俄罗斯帝国发生边境冲突，康熙皇帝遣使签订了中国与西方国家缔结的第一个正式的国际条约，中俄《尼布楚条约》。《圣祖仁皇帝实录》中记述了该条约划定中俄边界的碑文，其中将"中国"作为整个大清国的国家名称，用以涵盖包括满族发祥地的东北满洲在内的所有国土，同时多次使用"华民"称呼所有中国人。这显然是清帝认同其为中国正统王朝之主的再次明证，同时，也显示此时的"中国"已经超出了中原华夏中国的传统内涵。"中国"不仅已明确成为康熙帝国家认同的表述符号，而且这一符号与国家疆界的观念还紧密地联系在一起，昭示着康熙帝心中已存在一个版图渐渐明晰的清朝"中国"。

中俄《尼布楚条约》签订之时，由于清方带去的地图对北方地区的地理情况缺乏详尽的说明，使得清方代表团在谈判过程中遇到了很多麻烦，最后凭借

---

① 详细论述，见郭成康：《清朝皇帝的中国观》，《清史研究》2005 年第 4 期。
②《清实录·世祖章皇帝实录》卷一〇三，顺治十三年八月壬辰。

传教士张诚献上的一幅亚洲地图，谈判才得以完成。由此，康熙皇帝决心绘制一部详尽的全国性的地图。康熙的基本计划是从南到北，从东到西进行测量，等测量人员到达各地后，他们采用最先进的测量方法如天文测量、三角测量等西方地理测绘法，多方购置西方的先进测量机器，花费大量的人力物力去完成一幅后来命名为《皇舆全览图》的中国地图。

康熙四十七年（1708），测量工作正式开始，历经十年的实地测绘，到康熙五十七年（1718）才初步完成，第一次对中国疆域有了较为准确的全面呈现。其间，康熙五十年（1711），为了测绘东北地区，康熙非常细致详尽地指出哪些是"中国地方"，与朝鲜之间又以何为疆界，其言曰：

> 朕前特差能算善画之人，将东北一带山川地里俱照天上度数推算，详加绘图。视之混同江自长白山流出，由船厂打牲乌拉向东北流，会于黑龙江入海，此皆系中国地方。鸭绿江自长白山东南流出，向西南而往，由凤凰城、朝鲜国义州两间流入于海。鸭绿江之西北系中国地方，江之东南系朝鲜地方，以江为界。土门江西南系朝鲜地方，江之东北系中国地方，亦以江为界，此处俱已明白。但鸭绿江土门江二江之间地方知之不明，即遣部员二人往凤凰城会审朝鲜人李万枝事。又派打牲乌拉总管穆克登同往，伊等请训旨时，朕曾秘谕云："尔等此去并可查看地方，同朝鲜官沿江而上，如中国所属地方可行，即同朝鲜官在中国所属地行；或中国所属地方有阻隔不通处，尔等俱在朝鲜所属地行。乘此便至极尽处详加阅视，务将边界查明来奏。"[①]

可见在帝王心中，祖地满洲已被明确称为中国的"东北一带"，并且，详尽明确的边界意识被反复强调，足证清朝帝王作为中国皇帝的身份再次得以彰显。明确要制作全国性地图的康熙，有了对国家边界的地理认识，因此不管是仅有贸易关系的俄罗斯，还是有着久远朝贡史的朝鲜，在其认识中，都并非中国的边疆，而是外国。至此，内外有别，是明确的地理版图概念，中国与外国，就不再是含混模糊的"天下""华夷"的文化观念之区别，而已经是近现代国家意义上的分野。

其实，在前文的论述中，我们不断感受到，清朝定都中原不久，就已然将"大清"与"中国"画上等号。并且，随着其对"中国"渐渐扩大的疆域的认识，

---

①《清圣祖圣训》卷 52；参见孙喆：《康雍乾时期舆图绘制与疆域形成研究》，中国人民大学出版社，2003 年。

随着清朝中国与外国愈加频繁地交往，我们发现，在清帝的表述中呈现出一个以传统中原腹地为中心的三层同心圆结构，即：中原——番蛮——藩属国——远人（见图2）。其中，中原与番蛮这两层，同属于中国。

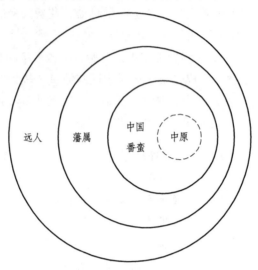

图2 清帝国家意识的同心圆结构

这个同心圆结构，还是源于我国传统的"一点四方"的认识论。从认识论的角度，人们认识世界都是以自己为中心向外推展的，就像石子投入水中形成涟漪，一圈圈推出去，愈推愈远，愈推愈薄，此即费孝通先生所谓的"差序格局"。此乃人类社会的共性，如在欧洲人的认知中，中国常被称为"远东"，而在中国传统的"一点四方"的认知里，中国即位于世界之"中"，被"四夷"所围绕，文化上呈现为一个从中心向四方辐射的同心圆结构，而在政治权力的控制上却模糊而松散。

但与中国历代大一统王朝不同，在清朝国家权力所及的版图之内，中央切实加强了对边远地区的实际控制能力，故雍正骄傲地宣称："自我朝入主中土，君临天下，并蒙古极边诸部落俱归版图，是中国之疆土，开拓广远，乃中国臣民之大幸。"①此表述，昭示了雍正皇帝对其时"中国"的理解，显然已不是古代黄河中下游华夏地区，也不是狭义的中原汉族地区"中国"，而是包括了"蒙古极边诸部落"的中国。"可以说，在清朝，传统'中国'概念的外延已拓展到了'天下'的第一重空间——古代'四夷'居住的地域，昔日边远蛮荒之地，一律'画疆置吏，有如郡县'，用人行政，与内地行省无殊。……从《会典》(《大

---

① 《清实录·世宗宪皇帝实录》卷86，前引书，雍正七年九月癸未。

清会典》，引者注）和《一统志》等最权威官书来看，乾隆中期以后的中国在其明确的疆界内，既有汉族中原内地各行省，更包括广袤无垠的边远地区。"[1]同样，对于边疆地区的土著首领而言，清帝的身份也是"中华""中国"的主事者。准噶尔博硕克图汗噶尔丹就向康熙一再表白"中华与我一道同轨"[2]，称"我并无自外于中华皇帝、达赖喇嘛礼法之意"[3]。身处遥远西北的哈萨克汗王也向乾隆上表称"愿率哈萨克全部，归于鸿化，永为中国臣仆"[4]。在这些"番蛮"的眼中，他们认同和归顺的是"中国""中华"皇帝领导下的国家。当然，这些表述的出现，可以被视为儒家"化夷为夏"的理想被真正落实，作为中国皇帝，清帝们对此也感到相当自豪。

更有价值的是，清帝与"番蛮"们对于其时中国的理解达成一致，这种王朝核心与边疆部落之间相互的认知与共识，对中国统一多民族国家的形成，意义巨大而深远。

第一节　"殊荒赤子"："中国"的边疆

历代清帝对国家边界的感知，实是随领土控制权力和疆界变更而变化的。乾隆在出兵解决准噶尔问题的过程中三次告祭天山主峰博克达山，前文已述从祭文中可知其将准噶尔问题视为中国内政，将准噶尔视为中国边疆。

准噶尔部是卫拉特蒙古四部之一。顺治元年（1644），清朝定都北京，以固始汗为首的卫拉特蒙古就明确奉表称臣，宣誓对满洲大皇帝的诏令"臣等无不奉命"。实际上，蒙古与清朝中国的隶属关系，早在清太祖努尔哈赤、太宗皇太极时期就已建立。努尔哈赤时，就有科尔沁、内喀尔喀等蒙古部落主动归附尚未改国号为清的后金政权。后金天聪六年（1632）皇太极击败林丹汗，天聪九年（1635），林丹汗之子额哲投降，并献上传国玉玺，蒙古帝国宣告灭亡，以额哲为首的漠南蒙古 49 个领主共尊皇太极为"博格达彻辰汗"，从此漠南蒙古并入后金版图。同年，卫拉特蒙古盟主固始汗也遣使归附。天聪十年（1636），皇太极改国号为清；顺治三年（1646），卫拉特蒙古各部首领更以联名上表的法定方式确认其部归顺"大清"，由此蒙古各部视清朝皇帝为最高领袖，此后历代清

---

① 郭成康：《清朝皇帝的中国观》。
②《清实录·圣祖仁皇帝实录》卷 146，康熙二十九年六月甲申。
③《清实录·圣祖仁皇帝实录》卷 137，康熙二十七年十一月甲申。
④《清实录·高宗纯皇帝实录》卷 543，乾隆二十二年七月丁未。

帝均有蒙古汗号。康熙十五年（1676），噶尔丹建立准噶尔汗国，此后几代首领均在俄罗斯支持下征伐扩张，康熙二十九年（1690）进攻漠北喀尔喀蒙古，康熙五十五年（1716）准噶尔出兵西藏，这实质就是在外国势力干预下威胁清朝统治，对清帝来说是绝不可容忍的。因此，为了反对国土分裂，康雍乾三朝多次出兵，终于在乾隆二十五年（1760）平定准噶尔，派驻军队，让天山一带彻底重归版图。

基于这段历史，我们才在乾隆祭天山的时候，看到了如此表述。

乾隆二十年（1755）第一次祭山时宣称：

> 朕恭承鸿业，抚驭寰区，康义柔怀，中外一视。准噶尔部落，向远王化。篡弑相仍，因而内乱。达瓦齐又复残虐其属，分崩离析，人不聊生。虽在殊荒，均之赤子。朕何忍不为拯救，坐视陆危。爰整王师，分道并进。①

此处之"中外一视"当然并非指准噶尔是外国，而是指其为中原之外的边疆。我们看到他明确表述自己对准噶尔人的定位——"虽在殊荒，均之赤子"，虽地处边疆但仍是中国子民。同时，其也表明知晓这些边疆之人"向远王化"，是臣服于中国强大文化与政权的，因此也将准噶尔首领的军事行为定义为对族群和国家的背叛。

乾隆二十二年（1757）第二次祭山又称：

> 朕缵承祖绪，中外一家。抚顺讨逆，式昭柔远之模。布德宣威，不振诘戎之略。兹以西边陆小丑，负恩作叛，煽惑边疆。实自外于生成，断难宽夫剿戮。②

此文再提"中外一家"，是对多族群一体的大一统的惯例强调；而用"戎"称准噶尔部族，沿用了中国传统华夷观中的"南蛮北狄，东夷西戎"理念，将身处中国西部的准噶尔纳入一点四方的华夷结构。同时又称其为"边陲""边疆"，并宣称准噶尔部的军事行为是"自外于生成"的"叛"国之举，无疑更是昭示对其作为中国国家内部成员的定位。

乾隆二十四年（1759）结束了准噶尔的战事，并获得了天山地区的实际控制权，战后在第三次祭山时又称：

---

① 钟兴麒等校注：《西域图志校注》，前引书，第317页。
② 钟兴麒等校注：《西域图志校注》，前引书，第317页。

朕继绪丕基，辑宁函夏。遐方效顺，诸部归心。乃逆回霍集占、波罗泥都者，自我师定有伊犁，拔诸囚系。既负孤恩之恶，尤干党逆之诛。朕命将移兵，奉辞伐罪，频摧众丑。六师皆破竹而前，屡克坚城。万里如建瓴而下，逖听者响风，纳降者恐后。遂械贰负之尸，献防风之骨。弟兄骈首，中国宪于藁街。远近倾心，抚皇舆于绝漠。缵两朝而蒇事，未五载而告功。仰赖洪庥，实资默赞。曩者大军燮伐，宣威会告山灵。今兹重译归怀，将礼用酬神贶。右享还齐于岳渎，西陲永奠于遐荒。荐我馨香，尚其歆格。①

其中自称是"函夏"的执掌者。所谓"函夏"，《汉书·扬雄传上》说"以函夏之大汉"，颜师古注："函夏，函诸夏也。"此处以"函夏"代指全国，明显是从华夏族群的狭义内涵走向更广泛的中国内涵。在痛斥准噶尔是负恩叛逆之外，又言出兵是为了"申国宪于藁街"，言称要在这国家的边疆"西陲"彰显国家法制——"国宪"。

从三篇祭文中使用的表述可知，其昭示了作为"戎"和"函夏""边陲"的准噶尔，其"叛"乱，违背了当地百姓"向远王化"的愿望，背叛了自己"生成"的国民身份，因此，作为中国共主，天子有义务和仁德"爱整王师"，"抚顺讨逆，式昭柔远"，拯救自己的"赤子"。"华夷"观念虽难免族群歧视之弊端，但也有"中国百姓，天下本根；四夷之人，犹于枝叶"②的一体认识。此种种表述，说明清帝确认中国边界的原则，既继承了其祖宗的家法，又具有中国历史文化内向性的古老传统。

随着准格尔问题的解决，毗邻准噶尔的"自古不通中国"的中亚各国陆续成为中国的藩属国。乾隆帝屡次对哈萨克等国首领下谕，明确其与中国的边界，严肃交涉："当知准噶尔全部悉我疆域，宜谨守本境，勿阑入侵扰。"专门要求"戒其约束部众，勿侵入乌梁海，即如当年与准噶尔接壤时既有旧地向为准噶尔所取者，亦不得越境游牧"。③从此可以看出，乾隆确认的中国疆界并非所谓"普天之下莫非王土"的无限"天下"，准噶尔与毗邻中亚国家的边界，便是"我疆域"的边界；准噶尔等周边少数民族建立的政权并非哈萨克等外国；同时，也要求外国约束部众，不得侵入中国领土。

---

① 钟兴麒等校注：《西域图志校注》，前引书，第317-318页。
② 《旧唐书》卷六十二，《列传》第十二，《李大亮传》。
③ 《平定准噶尔方略》续编卷六，《中国少数民族古籍集成》（汉文版）本，转引自郭成康：《清朝皇帝的中国观》。

借此，疆域分明之后，准噶尔的战争性质也就清晰地成为正义的反分裂战争，而绝非侵略与征服。清帝把理应属于中国的土地和人民，重新纳入版图，重整河山。

在解决准噶尔问题的同时，清乾隆二十二年（1757），全国各地报送而来的职贡图底图被汇编成两函十二册，名为《皇清职贡图》，"将朝鲜等外藩诸国列为首册，其余番蛮各以省分次序"，呈送乾隆皇帝。这套图册描绘、罗列了当时边疆各族、各藩属以及外邦民众的相貌服饰，是由乾隆皇帝谕令编绘的。乾隆谕旨称："我朝统一区宇，内外苗夷输诚向化，其衣冠状貌各有不同，著沿边各督抚于所属苗、瑶、黎、僮以及外夷番众，仿其服饰绘图送军机处，汇齐呈览，以昭王会之盛。"①明显，其编辑目的是建构大一统国家的认同话语。

乾隆时期，全国一级地方行政区划分为十八个行省、五个将军辖区、两个办事大臣，分别为：直隶、江苏、浙江、安徽、江西、山西、山东、河南、陕西、甘肃、湖北、湖南、四川、福建、广东、广西、云南、贵州（辽宁）、黑龙江将军、吉林将军、盛京将军（辽宁）、伊犁将军（新疆）、乌里雅苏台将军（外蒙古）、西宁办事大臣、西藏办事大臣。而《皇清职贡图》选择绘录的"番蛮""苗夷"地区是湖北、湖南、四川、福建（含台湾）、广东（含海南）、广西、云南、贵州、甘肃，以及新疆、西藏、黑龙江等十二个行政区。"也就是说，中国历代王朝的传统核心地区：直隶、江苏、浙江、安徽、江西、山西、山东、河南、陕西以及清朝立国之基——辽宁、吉林、内外蒙古地区并没有绘录入册。"②这样的表述选择，呈现了中原—番蛮的二元结构，暗示着二者之间仍是潜在的华夷持续。但编写图册的行为本身就是在昭告，这二元同为中国之属。

《职贡图》并不是乾隆帝的原创，其创作可以追溯到《逸周书·王会》中描述的周天子会见诸侯并接受贡物的历史，尽管其时尚未有图画，但《王会篇》对来贡的诸侯及贡物进行了详细的记载，乾隆谕旨称"王会之盛"即由此而来。现存最早的《职贡图》为梁元帝萧绎所作，图中绘制了波斯、百济等12国人物形象，从此，后世帝王在国力鼎盛时，亦纷纷图绘记录周边各国或境内少数民族的形象，用以彰显国力，而《皇清职贡图》的规模为历代之最。与很多靠想象绘制的职贡图不同，《皇清职贡图》非常注重写实，并且乾隆帝亲自为画册作诗作序，为各卷亲自题写卷名，甚至亲自为新纳入版图的土尔扈特人等画像并

---

① 傅恒等：《皇清职贡图》卷1，辽沈书社，1991年，第1页。
② 苍铭、刘星雨：《从〈皇清职贡图〉看"新清史"的"清朝非中国论"》，《中央民族大学学报》（哲学社会科学版）2019年第6期。

撰写说明，显示出皇帝本人对此事的高度重视。

在画册开头，编撰者称颂："梯山航海之区悉通声教，凿齿雕题之众咸隶属版图，一统之盛，自汉唐以来未之有也。"（见图 3）"通声教"，言文化影响之大，是传统的以华夷论为核心的天下观；而"隶版图"，则是基于疆界观念的国家意识；"汉唐以来未有"，则述大一统王朝传承的脉络，言身为正统继承者超迈前人的功绩。

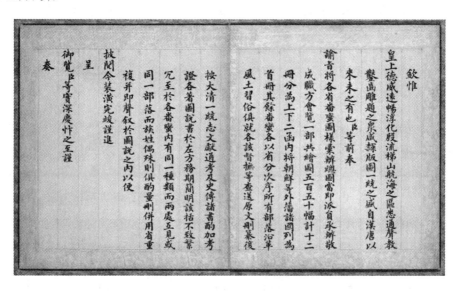

图 3　法国国家图书馆藏《皇清职贡图》第 1 册第 3 页①

乾隆亲笔写下的"御题诗"（见图 4）则更能表明帝王心迹。其称"书文车轨谁能外"以秦始皇为标杆，"那许防风仍后至"是用大禹典故，"涂山玉帛""商室共球"是夏朝、商朝开创统一王朝的故事，更指出，中国疆土的拓展不仅是今日之功，也是仰赖"前人"打下的基础，自己谕令编撰图册更是依照"唐家右相"唐太宗时期阎立本所作《职贡图》的范例，让"西鲽东鹣""南蛮北狄"都来共襄"王会"盛事。在这一连串的表述中，历数从夏商开国到秦皇唐宗这些"前人"，无疑是用帝王谱上的先王功绩比附今日继承者的事业，而对四方边疆蛮夷的旧称，也彰显着从曾经的蛮夷变身为正统继承人的理所当然的文化优越感。

① 图片引自苍铭、刘星雨：《从〈皇清职贡图〉看"新清史"的"清朝非中国论"》，《中央民族大学学报》（哲学社会科学版）2019 年第 6 期，下图同。

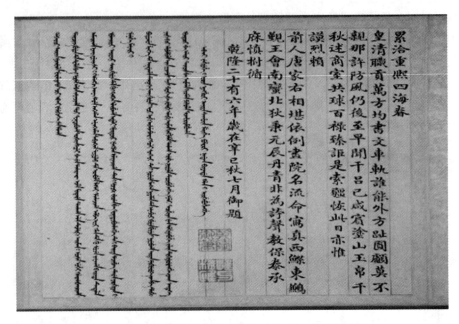

图 4　北京故宫博物院藏《皇清职贡图》乾隆御题诗

对边疆地区的定位，在清帝对管理机构的设置上也可见一斑，比如明确将和周围部族、藩属国、外国的往来分隶理藩院和礼部管辖。《清史稿》说"清初藩服有二类，分隶理藩院、主客司。隶院者，蒙古、喀尔喀、西藏、青海、廓尔喀是也；隶司者，曰朝鲜，曰越南，曰南掌，曰缅甸，曰苏禄，曰荷兰，曰暹罗，曰琉球。亲疏略判，于礼同为属也。西洋诸国，始亦属于藩部，逮咸、同以降，欧风亚雨，咄咄逼人，觐聘往来，缔结齐等，而于礼则又为敌"。①礼部是隋唐以来历代王朝管理外交的传统职能部门，而理藩院则是清朝首创的中央机构，是根据自己的需要对中国"礼治"传统的改造，加入族群多元的文化和传统，弥补了历代礼部职能的不足，"是站在'大一统'的政治高地，以高于塞外族群文化和汉文化的姿态，对二者进行资源整合调处，创造一种新的大一统的意识形态，以便适应领土广袤、族群众多、文化各异的'天下'型国家治理的需要"②。

理藩院主要的职责是"掌外藩之政令，制其爵禄，定其朝会，正其刑罚"，这里的外藩，也即《皇清职贡图》所谓的"番蛮"，就是指上述的内外蒙古、青海蒙古、新疆之额鲁特部、回部与西藏喇嘛所属各处，清王朝在以上各地，分

①《清史稿》卷91《礼志·宾礼·藩国通礼》。
② 张永江：《礼仪与政治：清朝礼部与理藩院对非汉族群的文化治理》，《清史研究》2019 年第 1 期。

派将军、都统、大臣等驻防，直接管理各族事务。①因此，理藩院管理的重心实则属于国家内政。而"主客司"即指礼部下属管理外国来朝的部门，主要管理朝鲜、越南、南掌、缅甸、苏禄、荷兰、暹罗、琉球等国的朝贡事宜。要补充的是，就朝贡国而言，"礼部掌管的是东、南两方由海路而来的，其由西、北两方来往的国家，则由理藩院掌管"②。《清史稿》评价这样的职能分工是"亲疏略判"，学者们在梳理这一设计的时候，发现其确实"既反映了清朝统治层对'内外''华夷'等族群、文化观念的认知；相应地，也展示了清帝国'差别待遇'内外族群的文化政策"③。

考究理藩院的来历，实则也可以窥见清代中国国家主权的边界变化。其起初仅仅是礼部下设的蒙古衙门，因兼并了蒙古部落，皇太极将其改为理藩院。《大清会典》说："国家一统之盛，超迈前古。东西朔南，称藩服、奉职贡者，不可胜数。凡蒙古部落，专设理藩院以统之。他若各番土司，并隶兵部。其属于主客司、会同馆者，进贡之年有期，入朝之人有数，方物有额，颁赏有等。"④而国家的边界随着时间推移，又发生了很大的变化——"清初，蒙古北部喀尔喀三汗同时纳贡。朔漠荡平，怀柔渐远。北逾瀚海，西绝羌荒。青海、厄鲁特、西藏、准噶尔，悉隶版图。荷兰亦受朝敕称王，名列藩服。厥后至者弥众，乃令各守疆圉、修职贡，设理藩院统之。"⑤随着国家领土的扩大，理藩院的地位越来越重要。顺治十八年（1661），顺治帝专门下诏因其"专管外藩事务，责任重大"，将其从礼部独立出来，并定其官制体统等同六部，地位列于工部之后。雍正帝又指定要王公、大学士兼理其事务。⑥七十多年后，乾隆二十九年（1764）成书的《大清会典》又明确了礼部的管理范围："凡四夷朝贡之国，东曰朝鲜，东南曰琉球、苏禄，南曰安南、暹罗，西南曰西洋、缅甸、南掌。西北夷番见理藩院。"⑦

当然，礼部和理藩院的管理重心有别，也有所交集。细分其对象，第一类是版图之内的蒙古各部、西藏，都隶属理藩院，前称"番蛮"者，此为内政；第二类是四夷朝贡之国，朝鲜、琉球、苏禄、安南、暹罗、西洋、缅甸、南掌

---

① 张德泽：《清代国家机关考略》，故宫出版社，2012 年，第 155 页。

② 张德泽：《清代国家机关考略》，前引书，2012 年，第 65 页。

③ 张永江：《礼仪与政治：清朝礼部与理藩院对非汉族群的文化治理》，《清史研究》2019 年第
1 期。

④ 康熙《大清会典》卷 72《礼部二十三·朝贡通例》。

⑤《清史稿》卷 91《礼志·宾礼·藩国通礼》。

⑥ 张德泽：《清代国家机关考略》，前引书，第 154 页。

⑦ 乾隆《大清会典》卷 56《礼部》。

等归礼部管理，西北的廓尔喀等国归理藩院管，此为藩属国。第三类则是无密切政治关系的贸易国家，如俄罗斯及西洋诸国，按照方向分管，理藩院管理西北陆路，礼部管理海路。这种分类管理，体现了管理对象与清朝关系的亲疏远近。清朝对于第一类的"番蛮"有实际的政治、军事、经济、文化上的控制力，因此，它们是国家的主权空间。对于第二类朝贡藩属国，只需保持名分上的"藩服"关系，实际上只有象征性的文化权力，主要依靠礼仪的控制力来展现宗主国地位，对象和范围都是模糊的和不确定的。而第三类，则或因相距太远，或因联系松散，在鸦片战争之前并未真正成为清代中前期外交事务的重心，最多也就是在清帝们因西洋技术的先进，或者天主教问题而产生的焦虑中，成为警惕的对象。

第二节 "藩属"：来朝的"外国"

为了明确边疆与外国的这种区别，清朝官方在编撰《明史》时，屡易其稿，反复调整结构，也反映了其时国家意识形成的历程。

从汉至宋，官修正史的史传传统已经习惯以"四夷"为名，记录中原王朝与域外交流。出现转折是在元朝，元朝官修的《辽史》《金史》《宋史》三史中，全然颠覆了"四夷传"的命名与叙事传统，而以"外国"为名，建立了另一种认知。元朝史官将辽、金、宋三个同时代的政权进行三史分立的行为本身就意味着承认多个政治中心并立，从而打破了汉族王朝的唯一正统性，而"外国传"的出现又意味着"以汉族王朝为中心的唯一文明性被消解，取而代之的是多个文明中心的并立"[①]。其中，《宋史》更同时立有"外国传"与"蛮夷传"，区分出"境内"与"域外"有关异族、异域与周边的记载。此中所谓"外国"，实质仍与"藩国"（所谓"内为夏，外为藩"）有关，总体而言，仍是一种模糊的一般性指称，并未形成具体、特定的意涵。但，毫无疑问，"外国传"的使用及其与"蛮夷传"的分立，都彰显了元代史官已经开始有意识地区分"中国"（核心）与周边（边缘），认识到两者在疆域、政治结构、文化发展方面的多重差异。"相对汉唐时期以'中国'为中心，强调由'内'向'外'的政治层级、体现经典中'帝国想象'的叙事结构来说，元修三史更多地透过不同分类来说明 10—13 世纪复杂的政治格局，以及在此格局中的不同层次的族群关系。于是汉唐以来

---

① 钱云：《从"四夷"到"外国"：正史周边叙事的模式演变》，《复旦大学学报》（社会科学版）2017 年第 1 期。

'内诸夏外夷狄'的政治理想和东夷西戎南蛮北狄的周边印象，也在元修三史的'外国传'中隐退，取而代之的是多重政治群体的角力和'外国'意识的凸显。"①

其后，在明朝修史时，不少士人从民族、文化、政治立场出发反对这一改变，因此明初撰修《元史》时，为了表现明朝作为汉人统治的族群优越感与正统合法性，重新又用"外夷"之称取代了"外国"。但是清代官修的《明史》却展现了对元代史官的认同。初版的尤侗拟稿本《明史·外国传》，按照先秦五服理论划分关系之远近，万斯同四卷本的《明史·外蕃传》也严格按照此前的"四夷模式"划分。但其后，王鸿绪却将万斯同《明史·外蕃传》中的国家和地区分别编入了《明史稿·外国传》和《明史稿·西域传》，将"西域"与"外国"区分开来，言下之意，"西域"不再是"外国"，其明显是受到了元代将"外国"与"蛮夷"区别对待的启发，不过同时，其又深受"四夷模式"影响，仍沿袭传统将"西域传"和"外国传"置于列传体系的末尾，体现了"四夷模式"中"内诸夏而外夷狄"的观念。②最后定稿的张廷玉版《明史》也仅仅是在此基础上，增加了与"西域"同构的《土司传》，形成了边疆"西域""土司"与"外国"分而治史的格局，再次证明清代官方对内外疆界的明确认知。

这种内而中国，外而异邦的认知，同样在清帝的表述中得以呈现，即便是有着长期朝贡关系的藩属国，如朝鲜，也与前述有驻军的极边远诸部落不同——前者是中国以外之他国，后者是中国以内的组成部分。所以，康熙帝在勘测东北边界时，其表述中才将"中国所属地方"与"朝鲜所属地方"进行了明确的区分与并列。由此可知，作为宗主国的清朝中国与藩属国之间的关系，其根本性质是国与国之间的关系，属于外政。清帝对于内外之分的标准和态度是非常清晰的。例如，在对待与台湾郑氏政权的谈判问题上，康熙帝曾经打算采取招抚的方法，甚至一度允许郑成功之子郑经接受"藩封，世守台湾"③。但郑经坚持谈判前提要"比朝鲜，不削发"，就被康熙断然拒绝，理由如康熙所言："朝鲜系从来所有之外国，郑经乃中国之人。"④谈判不成，康熙帝最终在康熙二十二年（1683）出兵武力统一台湾。显然，在康熙看来，台湾问题是内政问题，而藩属国朝鲜乃"外国"，并非内政所辖范围，"中国之人"不是藩属之人，中国之事务当然就非藩属之事务，二者不可等谈，这是原则和底线。同样，当平定

---

① 钱云：《从"四夷"到"外国"：正史周边叙事的模式演变》。

② 具体论述，详见钱云：《从"四夷"到"外国"：正史周边叙事的模式演变》；李祖春：《明史〈外国传〉研究》，东北师范大学 2017 年硕士论文。

③ 江日昇：《台湾外纪》，福建人民出版社，1983 年版，第 207 页。

④ 《明清史料》丁编第三本，台湾"中央研究院"历史语言研究所，1972 年，第 272 页。

了准噶尔，哈萨克等毗邻各国陆续成为藩属国后，乾隆二十二年（1757），乾隆帝谕旨哈萨克阿布赉汗：“当知准噶尔全部悉我疆域，宜谨守本境，勿阑人侵扰；厄鲁特等或间有率游牧窜人尔境者，尔缚献首恶，收其属人，尚属可行。”①要求哈萨克首领要遵守与中国的疆界，并约定若发现中国边疆的人入其国境的时候可进行法办。这说明，即便有藩属朝贡的关系，中国与哈萨克之间仍然是疆界清晰的两个国家，清帝认真践行自守的中国疆界并不是无限的，准噶尔与毗邻中亚国家的边界，就是中国边界的最后界限。

在中国漫长的朝贡国关系史上，宗主国与藩属国之间的关系表现为宗主册封藩属朝贡的仪式化的国家关系。朝贡关系的政治象征意义远超实际利益价值，宗主国帝王们更看重的并非藩属国所进贡的贡品多少，而是其所遵奉的礼仪程序。藩属国在政治、军事、外交、经济上依附宗主国，而宗主国作为中原王朝正统，其思想文化被认为较之藩属国更先进优越，因此，藩属国向宗主国学习也成为必然。

清朝在周边的藩属国之中，取得明朝作为宗主国的继承权，并非容易之事。因为明清鼎革，产生于先秦时期的“华夷”问题不仅在中国内部引起激烈的讨论，由“华夷”所引发的一系列政治正统问题，在东亚同样存在争议。在历代维持的朝贡体系影响下，东亚地区在历史上形成了一个以汉字、儒家、佛教为核心的东亚文化圈。清朝建立了对中国大陆地区的统治后，以中国正统自居，便全盘继承了历史上的中国王朝处理对外关系的朝贡模式，要求各国缴还明朝的封诰，重新领取清朝的封诰。如，顺治四年（1647），顺治帝给吕宋国王的敕谕称：

> 朕抚定中原，视四海为一家。念尔吕宋，自古以来，世世臣事中国，遣使朝贡，业有往例。今故遣人敕谕，尔国若能顺天循理，可将故明所给封诰印，敕遣使赍送来京，朕亦照旧封赐。②

其中阐明吕宋世代为中国藩属国，而今自己已抚定中原，为中国继承者，故此，吕宋应当“顺天循理”，维持往例，向中国称臣。其实，此时的吕宋已为西班牙殖民，但清帝似乎对此浑然不觉，仍一厢情愿地要求其维持以往的宗藩关系。

作为明朝治统的继承者，清帝王们理所当然地认为自己是“华”，而周边朝贡诸国为“夷”。不过，正如同雍正帝强调文化上的华夷观一样，朝贡诸国中也因此对清朝有不同的看法。比如，与中国有着极长朝贡史的朝鲜将儒家学说作

① 《清实录·高宗纯皇帝实录》卷543，乾隆二十二年七月丙午。
② 《给吕宋国王敕谕》，《明清史料》庚编，第八本，中华书局，1987年，第701页。

为立国之本，李氏朝鲜还曾以"中华"自居，视清朝为蛮夷，其后虽然慑于武力，确立了与清朝之间的宗藩关系，但仍免不了鄙薄之意。康熙三年（1664），朝鲜使臣洪命夏出使北京所作的《燕行记》中，仍然对本国仍存大明衣冠展现出优越感，对清国已尽是满人装束表达了不屑。①

但无论诸国如何自我认知，在清帝们看来，跟藩属国之间稳定的朝贡关系已经说明了，清朝在这个传统的东亚文化圈中，在朝贡体系之内，继承了唐、宋、辽、金、元、明以来就稳固的宗主国地位。

在宗藩关系之中，作为宗主，通过礼仪教化各来华向化的族群，是施政的总原则，其重点是明确等级高低，展示亲疏内外。这一原则，既体现在设置处理外藩事务的行政机构上，也表现在礼仪制度的等级差异上。

在每年的元旦朝贺仪式上，天聪六年（1632），尚未取得中原控制权的皇太极规定朝贺仪式站位时，满洲贝勒在前，之后是蒙古贝勒，最后是朝鲜使臣，彼时，人员构成简单，朝鲜使臣的排位尚离核心成员不远。但入关之后，从顺治时期起，蒙古王公就不仅只出现在元旦，而是每年必须定时轮流朝觐皇帝，还可在每月初五、十五、二十五日的常朝日，觐见皇帝。而朝鲜则并无此常朝的待遇，只能在特定朝会上觐见，且远远位列百官之后。这说明，从皇太极到顺治这数十年间，他们与蒙古的关系已经成为可以常朝的内政关系，而朝鲜一直是藩属国身份，并非内政考虑的范围。

乾隆中后期，朝贺仪式更为大型，队列中又增加了哈萨克、回部、云南边境土司、中亚霍罕、安南国的使臣甚至国王。清廷规定，哈萨克贵族列入蒙古王公的队伍，位置在同级别蒙古人之后，其后是回部人，霍罕使臣站在满汉官员三品班之末行礼，土尔扈特郡王于蒙古王公之后行礼。然后，"向例外国使臣另班行礼，以朝鲜国为领班"，朝鲜、琉球、南掌、暹罗四国使臣于百官之末行礼。②并入中国版图的哈萨克、回部、土尔扈特人员进入了中国内部队列，朝鲜等"外国"的使臣，另站一队，且越站越远。

道光七年（1827），皇帝做了一次更加严格、清晰的规定：

> 元旦朝贺，蒙古汗、王、贝勒、贝子、公，仍照旧入于内地王公之次行礼；其札萨克台吉以下，著按照品级，列于东边行礼内地大臣官员各排之次。其各部落回子伯克、土司等，若照理藩院所议列于内地大臣之次，殊失体制，著另为一班，列于西边行礼内地官员之末。

① 详情参见葛兆光：《大明衣冠今何在》，《史学月刊》2005 年第 10 期。
② 光绪《大清会典事例》卷 296《礼部·朝会》

如遇廓尔喀年班来京，按照向来班次，列于回子伯克、土司之末。①

由此，"朝仪的朝见顺序层级一目了然：第一层级，内地王公→蒙古王公→哈萨克王公→回部王公；第二层级，内地大臣东班→蒙古札萨克台吉，内地官员西班→回子伯克、土司→廓尔喀；第三层级，朝鲜、琉球、南掌、暹罗"②。礼仪顺序，实则就是族群政治秩序，也是家国边界。第一层级和第二层级都是中国内部成员，成员内部再进行阶层等级和亲疏的划分，核心成员在前，边缘成员在后。而第三层级则与第一、二层级排位不同，虽为藩属，仍属外国，自然不能进入中国人的队列。

随着清朝政权逐渐稳定，周边国家陆续与之建交。先后成为清朝属国的，除朝鲜外，还有琉球、暹罗、安南、不丹、苏禄、南掌、缅甸、廓尔喀、浩罕、锡金、布尔特、博罗尔国、巴达克山国、安集延、玛尔噶朗、那木杆、塔什干汗国、萨克汗国、坎巨提土邦等，绝大多数为周边的内陆国家，所以清朝在书写拥有众多海外朝贡国的明朝的外交史时，表现出的更多是自己对"外国"的理解。清朝官修《明史·外国传》共9卷（320卷至328卷），一共涉及92个国家和地区。其第一卷为《朝鲜传》、第二卷为《安南传》、第三卷为《日本传》，非常详尽地记载了明朝与其朝贡国之间的来往，列于诸传之前。而从第四卷到第七卷，仅三卷就记载了84个国家和地区，按照郑和航线所经顺序涉及东南亚、南亚、西亚、非洲东海岸以及欧洲部分国家和地区，有的甚至寥寥数语就囊括数国，只录其名而无其他说明。如第七卷中"剌泥而外，有数国：曰夏剌比，曰奇剌泥，曰窟察泥，曰舍剌齐，曰彭加那，曰八可意，曰乌沙剌踢，曰坎巴，曰阿哇，曰打回。永乐中，尝遣使朝贡。其国之风土、物产，无可稽"③。仅用短短三句话就介绍了10个国家和地区。更有甚者，《吕宋传》《佛郎机传》《和兰传》《意大里亚传》所记载的欧洲四国错漏颇多。这样的悬殊，当然彰显了中国政权与不同外国之间的亲疏，也足见，在清人的认识中，朝鲜等周边世代朝贡的藩属国，是常例来朝的关系密切的外国，虽与版图内的边疆族群不能同等，但与那些与自己或仅有松散的贸易往来，或只是偶尔听闻、路途遥远的海外诸国，毕竟不同，后者才是在差序格局中与己最疏远的一级，是其认知中真正的"远人"。

---

① 光绪《大清会典事例》卷296《礼部·朝会》。
② 张永江：《礼仪与政治：清朝礼部与理藩院对非汉族群的文化治理》。
③（清）张廷玉等：《明史》卷326《剌泥传》，中华书局，1977年，第8457页。

第三节　西洋远人

这些远人，无论是从陆路而来的俄罗斯人，还是从海路而来的西洋欧洲人，都没有给清朝的皇帝们留下好印象。

顺治元年（1644），俄罗斯帝国在向西伯利亚扩张得手后又在黑龙江地区先后占领了尼布楚与雅克萨两城。康熙帝在平定三藩后即着手解决驱逐沙俄问题。从康熙二十一年（1682）到康熙二十五年（1686），清军两次攻打雅克萨均获胜，沙俄被迫同意派使者议定边界。康熙二十七年（1688）康熙派索额图与俄国在尼布楚开始边界谈判。谈判的过程也非常艰难，经过反复斗争，双方才得以在七月二十四日签订了《中俄尼布楚条约》。

《尼布楚条约》原件使用拉丁文、俄文、满文文本。拉丁文本对谈判大使索尔图头衔的汉语译文是：中国大皇帝钦差分界大臣，满文的汉语对译是：中国大圣皇帝钦差分界大臣。不管哪个版本，其内容提及分界以及人口归属的时候均以中国和俄罗斯对称，表明了无论在中外哪方立场，清帝都已经是中国的国家元首。

而这个条约的签订背景，是康熙帝出于捍卫国土发动的自卫反击战。俄罗斯给予康熙的印象，当然不会是如同藩属国一样的臣服形象。

在地理大发现与全球贸易开始的时代，西洋欧洲诸国同样也让清帝认识到这些是与周边藩属国完全不同的外国，虽然其曾一度将早期来华商贸的荷兰列入朝贡国。

顺治十二年（1655），荷兰驻巴达维亚城总督派遣使团来华，请求中国朝廷对荷兰开放贸易，顺治帝准许荷兰八年一贡。此后，康熙五年（1666）、康熙二十四年（1685），荷兰使团两次入华。但此后一百多年间，荷兰使团未再来华。直到乾隆五十九年（1794），荷兰巴达维亚总督才再派使团来京庆贺乾隆八十四岁寿辰。值得一提的是，荷兰使团历次入华，与不遵仪制的俄罗斯、英吉利使团不同，其在所有环节均尽遵清朝仪制。但即使如此，荷兰使团也并没有因此而获得什么额外特殊的照顾。甚至，康熙五十五年（1716），康熙更因为担心荷兰与沿海抗清势力勾结，而下谕禁止中国商船前往南洋贸易。谕旨结尾说："海外如西洋等国，千百年后中国恐受其累——此朕逆料之言。"[1]西洋，清朝指大西

---

① 《清实录·圣祖仁皇帝实录》卷270，康熙五十五年十月壬子。

洋欧洲国家，令康熙感到的威胁，主要是来自占据印度尼西亚的荷兰殖民者，其担心沿海汉人可能在西洋人庇护下建立海外抗清基地，于是，从国家战略安全考虑，决策禁止南洋贸易。

这样的决策，体现了清政权海外政策的局限性。清朝立国是以大陆腹地为根据地推向全国的，因此，满族统治者们对于海洋是完全陌生的，入关后，也仅仅是以继承明朝版图，将东南沿海地区收入囊中为唯一目标，所以"清代从一开始就局促在海疆，就这个意义而言，清初只有海疆政策，而没有海外政策"①。再者，由于入关初期清廷失误的族群高压政策，在东南沿海一带的血腥屠杀镇压导致民怨沸腾、民生凋敝，使得已入版图的沿海行省却"较之未入版图之地，尤难料理"②。这种情况又反过来令历朝清帝对东南沿海地区以及海外始终保持着防范和疑忌，因此，其海外政策的目标始终是建立在"防"和"禁"基础之上的。如顺治十二年（1655），为了切断郑成功与大陆的联系，清廷宣布实行海禁，对西方商船也作了严格限制，只许在澳门停泊贸易。康熙二十二年（1683）统一台湾后，允许出海捕鱼，重新开放对外贸易，准许外商来华贸易，但规定外商要经过指定的官商负责为其买卖货物，交纳税款。此后，乾隆二十二年（1757），两广总督李侍尧奏定了《防范夷商规条》，嘉庆十三年（1809）颁布了《民夷交易章程》，十五年（1811）又颁布了《防范夷人章程》，进一步对外商和其他外国人实行了限制。

由此可知，对于外国的防范之心贯穿清朝始终。所以，即使康熙等清帝身边围绕着诸多来自西洋的传教士，对西洋也有相当的了解，但仍然制定了闭关锁国的海外政策。

清初的宫廷里，有诸多来自西洋并与之关系密切的传教士。他们或者教授西方自然科学，或者修订天文历法、制造天文仪器，或者制造火器、钟表机械，或者配制西药，从事艺术，充任翻译。更有甚者，深度参与清廷政治，比如顺治临终就曾为传位一事咨询传教士汤若望，并听从其建议，最终选择了已出痘的皇三子玄烨为继承人。在康熙朝，比利时人南怀仁不仅做了钦天监的监正，还是康熙的科学老师，教授几何学和天文学，还将《几何原本》译成满文，陪同康熙出巡，为之观天测地，还帮助康熙设计制造大炮，为清军提升战斗力起了至关重要的作用。康熙对自然科学的浓厚兴趣，对欧洲传教士的宽容态度，都与南怀仁不无关系。南怀仁去世时，康熙帝为他举行了隆重的葬礼，亲自撰

---

① 万明：《中国融入世界的步履：明与清前期海外政策比较研究》，故宫出版社，2014 年，第 317 页。
② 《浙福总督陈锦疏》，顺治三年九月二十一日，《明清史料》丁编，第一本，商务印书馆，1951 年。

写祭文，并赐谥号"勤敏"。南怀仁之后，又有法国人张诚、白晋，葡萄牙人徐日升，比利时人安多等多位传教士进入宫廷担任教师。张诚和徐日升还在中俄尼布楚谈判中，担任了拉丁语翻译，起着举足轻重的作用，足见康熙帝对其的信任。艾儒略、南怀仁等人还撰述了《御览西方要纪》《坤舆图说》等数种地理学著作，使康熙对西洋欧洲的情况有比较清晰的认知，康熙曾告知群臣：

> 中国与西洋地方俱在赤道北四十度内，海洋行船，中国人多论更次，西洋人多论度数。自彼国南行八十度至大狼山，始赴北行入广东界，尝六阅月在海中不见一山。又自西洋至中国有陆路可通，因隔俄罗斯诸国，行人不便，故皆从水路而行。俄罗斯距京师约万两千里，西洋及土尔虎特地方皆与俄罗斯接壤。[1]

通过传教士们的书写，可知康熙还经常询问西欧各国情况，并从张诚、白晋那里了解到法王路易十四的情况。为了绘制中国的准确地图，康熙帝还特命白晋为出使法国的钦差，招募传教士和科学家。白晋于康熙三十二年（1693）7月4日启程，康熙三十六年（1697）抵达欧洲，觐见路易十四，广召测绘人才，带回一批科学家兼传教士。

传教士们对康熙也毫不吝惜赞美，如白晋称其：

> 很英明，不只表现在与俄国人的关系上，还表现在他对待荷兰和葡萄牙等国家的使臣的事情上。因为自古以来，许多中国人就藐视外国人，他们认为自己的国家地大物博，文明开化，根本没必要和那些国家进行交往，他们只会欢迎那些前来表示归顺的国家。然而康熙皇帝不是如此，他平等地对待几乎每个派使臣前来的国家……他认识到了中国并不是世界上唯一的文明国家，中国之外的其他国家，也有灿烂的文化和有才智的工匠。……康熙皇帝极力摒除汉人的排外主义，而且专门责成六部处理好与荷兰、俄国、葡萄牙等国家的外交，对他们的使节给予应有的尊重。[2]

这是白晋向法国皇帝介绍康熙的表述，在他的眼中，康熙皇帝对世界的认知，要远超许多自大的中国人，尤其是排外的汉人。

---

① （清）余金撰，顾静标校：《熙朝新语》，上海书店出版社，2008年，第70页。
② （法）白晋等：《外国人眼中的中国人：康熙大帝》，黄慧婷、卢浩文译，东方出版社，2013年，第9页。

张诚则记录了康熙对欧洲的看法："欧洲人也并不都是我们想象中的那样的傲慢。"①在他笔下，康熙也是一个有着开放的国际视野的中国皇帝，是一个敢于挑战落后的传统观念的人：

> 在中国往往有一句俗话，大概意思是说天上的那些星象只能够对应中国发生的事情，别的国家跟星象没有一点关系，但是皇帝陛下认为这是无稽之谈，他总是说："总得留上几颗星星给别的国家吧。"②

天文历法的中西之争，对中国社会之影响，当然并不是传教士这几句轻描淡写可说明的。历法，在中国早已被神圣化成为王权的象征，所以，在此问题上"以洋代中"，"用夷变夏"，成为令清朝君臣十分头痛的问题。

康熙帝以耶稣会士为师，学习并信奉西方的天文、数学等知识，注重西洋科学中的求实精神，常亲自动手演算、观测，其在与传教士的亲密接触中，对其传教事业也从防备转为接纳，于康熙三十一年（1692）颁布了容教令。但这对中国士大夫产生了强烈的思想冲击。与南怀仁比试天文知识落败从而失去钦天监监正一职的杨光先，在其作《不得已》中愤然道：

> 宁可使中夏无好历法，不可使中夏有西洋人。无好历法，不过如汉家不知合朔之法，日食多在晦日，而犹享四百年之国祚；有西洋人，吾惧其挥金以收拾我天下之人心，如腊火于积薪，而祸至之无日也。③

实际上，随着天主教内部的中国礼仪之争越演越烈，类似的担忧在康熙帝本人心中渐渐凝聚。

在早期传教士们的笔下，我们能看到康熙在国际问题上的思想是先进而开放的，对欧洲人及天主教也是非常友好的，但是，随着天主教教廷一改耶稣会士入乡随俗的温和态度，反而强势否定和排斥尊孔、敬祖等中国传统，康熙的国家意识促使其做出了激烈的应对。

天主教内部不同派别之间原本对是否应该允许中国信徒继续行尊孔敬祖的传统，争执不下。深得清帝倚重的耶稣会士一直遵循利玛窦规矩，尊重中国习俗、礼仪，获得了清帝的认可。但在欧洲，这个问题因为教会内部派别权力斗争成为焦点。于是，康熙三十二年（1693），任天主教廷代牧主教并全面管理福

---

① （法）白晋等：《外国人眼中的中国人：康熙大帝》，前引书，第112页。
② （法）白晋等：《外国人眼中的中国人：康熙大帝》，前引书，第138页。
③ 杨光先：《不得已》，《明末清初天主教史文献丛编》第五册，北京图书馆出版社，2001年，第328页。

建教务的阎当，发布了严禁中国教徒祭祖、祭孔的七条告示。在争论中渐处劣势的耶稣会士，于康熙三十九年（1700）联名上疏康熙，希望他出面亲证中国礼仪不是宗教崇拜。其称：

> 臣等管见，以为拜孔子，敬其为人师范，并非祈福佑聪明爵禄而拜也。祭祀祖先，出于爱亲之义，依儒礼亦无求佑之说，惟尽孝思之念而已。虽设立祖先之牌，非谓祖先之魂在木牌位之上，不过抒子孙报本追远，如在之意耳。至于郊天之礼典，非祭苍苍有形之天，乃祭天地万物根源主宰，即孔子所云，郊社之礼所以事上帝也。有时不称上帝而称天者，犹主上不曰主上，而曰陛下，曰朝廷之类，虽名称不同，其实一也。前蒙皇上所赐匾额，御书'敬天'二字，正是此意。远臣等鄙见，以此答之，但缘关系中国风俗，不敢私寄，恭请睿鉴训诲，远臣不胜惶悚待命之至。①

康熙帝看见奏折，立即批示其"所写甚好，有合大道"，并指明"敬天及事君亲敬师长者，系天下通义，这就是无可改处"，由此卷入"礼仪之争"。康熙所赞赏的，乃是耶稣会士理解"中国风俗"的态度，也满意于其自称"远臣""鄙见"的谦逊。

而阎当最终说服教皇于 1704 年下达了禁行中国礼仪的谕令，并派使者多罗来华解决"礼仪之争"。多罗来到中国后，立即受到康熙召见。康熙批评天主教会内斗攻击，多罗则声称即便是教皇也不能强迫不同教会行动如一，而康熙当即表示：

> 我等本以为教化王谅能调和统辖尔等教徒，原来不能管理尔等西洋之人，如来我中国，即为我人也，若尔等不能管束，则我等管束何难之有。②

康熙此时的表述中，"我中国"与"尔等西洋人"已是壁垒分明，态度也非常明确：在中国地盘上发生的事情，应该受中国管束。语气强硬，火药味十足。

多罗推荐坚持禁止中国礼仪的阎当与康熙辩论。阎当坚持认定基督教文明必然高于儒家文明的态度彻底激怒了康熙，被康熙斥之为"愚不识字，胆敢妄论中国之道"。又谕示多罗："阎当既不识字，又不善中国语言，对话须用翻译，

---

① 转引自张先清：《康熙三十一年容教诏令初探》，《历史研究》2006 年第 5 期。
② 中国第一历史档案馆编：《康熙朝满文朱批奏折全译》，中国社会科学出版社，1996 年，第 435 页。

这等人敢谈中国经书之道，像站在门外，从未进屋内人，讨论屋中之事，说话没有一点根据。"①相较耶稣会士习满汉语言、熟读儒家经典、恭敬称臣的态度②，阎当的行为，明显冒犯了"中国皇帝"的威严，触犯了其底线。

然而，多罗离开北京就以公函的方式公布了教皇的禁令。康熙更加强硬，一面驱逐多罗，一面命令全国传教士进行登记，"凡不回去的西洋人等写票，用内务府印给发，票上写西洋某国人，年若干，在某会，来中国若干年，永不复回西洋"③。领票的传教士，令其遵守利玛窦尊重中国风俗的规矩；而凡是无票又不愿领票者，一律驱逐。

实际上无论阎当善不善于中国语言，只要其态度不变，结果都不会变。因为，"赞同中国礼仪本身即是基督教在华传教的底线，这点对于任何人来说都是不可动摇的国之根本，即便再受其宠幸的传教士亦不能免俗"④。

教皇为了缓和紧张气氛，1719年再派嘉乐为特使来华。1720年12月26日，嘉乐抵达北京，康熙帝迟迟不肯接见，以示冷待。康熙六十年（1721），康熙阅过嘉乐所带来的禁约后说：

> 览此条约，只可说得西洋人等小人，如何言得中国之大理？况西洋人等无一人通汉书者，说言议论，令人可笑者多。今见来臣条约，竟是和尚道士异端小教相同，彼此乱言者，莫过如此。以后不必西洋人在中国行教，禁止可也，免得多事。⑤

儒家学说是正统思想的基础，孔子是康熙延续治统顶礼膜拜的偶像。自汉朝以来，历代帝王尊孔崇儒，康熙更是额外礼遇，时刻宣扬孔子是"生民未有之圣"。而与天主教的一番交锋，更让康熙对冒犯"中国大理"的西洋小人非常鄙视。更明晰的认知是在上述所有的表述中，康熙帝均自称"中国"，与"西洋"对立。当彰显族群身份的自我与他者不再是满汉畛域，而是中国与西洋，清朝帝王不再只是满洲领袖，更清晰地把自己放在了中国之主的位置上。

康熙一朝，应是整个清朝中前期与西方接触最密切的时间。整个天主教世

---

① 方豪：《中国天主教史人物传》，宗教文化出版社，2007年，第448页。
② 关于耶稣会士了解中国语言文化的情况可参见其日记、记录等文献，见（法）白晋等：《外国人眼中的中国人：康熙大帝》，东方出版社，2013年。
③ 中国第一历史档案馆编：《清中前期西洋天主教在华活动档案》第1册，中华书局，2003年，第12页。
④ 谢子卿：《中国礼仪之争和路易十四的法国（1640—1710）：中国天主教史钩沉》，上海师范大学2016年博士论文。
⑤ 中国第一历史档案馆编：《清中前期西洋天主教在华活动档案》第1册，前引书，第49页。

界，尤其是法国，都因为这场礼仪之争而对中国有了比较深入的认识①，但是，在中国却并没有因此增进任何对欧洲的理解。此后的历代清帝及其大臣反而因为康熙对西方人的态度巨变和屡次怒斥，更加轻慢其文化与存在。甚而，乾隆三十二年（1767）开始撰写的《皇朝通典·边防典》中提到法国时，将其地理位置和与中国的接触史都弄错：

> 法兰西，一名佛朗机，亦红毛番种也。东与荷兰接。其国都地名巴离士……，我朝顺治四年，广督佟养甲疏言：法兰西国人，明季寓居壕境粤，与粤商互市，后因冢入省会，遂饬禁止。请嗣后仍准番舶通市。上从之。自是每岁通市不绝，唯禁入省会耳。②

然而，康熙、雍正、乾隆三代清帝身边都簇拥着众多的法国传教士，康熙还通过他们与法国国王路易十四互赠礼品，康、雍两朝的文献中亦对法国有清楚的认识。甚者，法国传教士、地理学家蒋友仁在乾隆二十五年（1760）已绘制完成初版《坤舆全图》，七年后又完成了第二版，其图采用球状投影法，参考和吸收了当时中西方最新的地理测量成果，已与我们今天看到的世界地图非常接近，蒋友仁就是法国人，又是技术精湛的地理学家、知识渊博的传教士，焉有不知法国地理和中法交流史之理？而"现存乾隆三十二年（1767）蒋友仁绘制的《坤舆全图》上 5 道深深的折痕，也说明这幅地图在绘制完成后，经常被翻阅使用"③。所以，作为清朝官方修订的典章制度集成的《皇朝通典》，对西方国家认知的模糊，不是不能为之，而是不以为意，帝王表述的导向力量之大，令人咋舌。

而同样引领着此后中国对西洋看法的，还有康熙用来解释中西文化的关系与地位的"西学中源"说。明清之际，明朝遗民学者群体如黄宗羲、方以智等人，在中西方文化遭遇和碰撞之时，在无法否认西方科学优胜的前提下提出了中学与西学的关系是"天子失官、学在四夷"，或曰"中学西窃"，用来缓解"以夷变夏"的尴尬。面对威胁性越来越大的西方话语，康熙帝便在此基础上，大力主张"西学中源"的观念。他在《御制数理精蕴》中说："我朝定鼎以来，远人慕化，至者渐多，有汤若望、南怀仁、安多、闵明我，相继治理历法，间明

---

① 具体情形，可参见谢子卿：《中国礼仪之争和路易十四的法国（1640—1710）：中国天主教史钩沉》。

② 《清朝通典》卷 98，商务印书馆，1935 年，转引自李华川：《清朝中前期国人对法国的认知》，载《清史论坛》（2007 年号），2016 年，第 449 页。

③ 王金龙：《中西合璧的文化杰作〈坤舆全图〉》，《中国档案报》2020 年 5 月 21 日总第 3528 期第一版。

数学，而度数之理渐加详备，然询其所自，皆云本中土所流传。"①这些表述中，所谓天子、中土、四夷、远人，显然又是对华夷观的发挥。此种遮蔽了眼界的盲目自大，使得此后中国的科学技术发展故步自封，极大程度上拉开了中西科技力量的差距，更直接导致了近代中国落后挨打的恶果。

雍正元年（1723），福建省福安县有天主教徒宣布弃教，向官府控告教士敛聚地方百姓财物修建教堂，并使男女混杂、伤风败俗，引起了雍正帝的高度重视，并最终诏令全国驱逐西方传教士至特许葡萄牙人居住的澳门，就连康熙朝曾颁发给遵"利玛窦规矩"的传教士、准其传教的"票"，雍正也宣布一律废止。其间戴进贤、冯秉正等耶稣会士多次进宫游说，并于雍正二年五月十一日（1724年7月1日）递交陈情书：

> 礼部因福建省发生的事情判处将外省所有欧洲人遣送澳门，我们——您忠实的臣民——绝不会不遵奉陛下旨意，但我们恳请陛下详察，澳门不是来华船只通常靠岸之地，若准许传教士留在广州，愿意回国的人，就能找到可以让他们搭乘的船只。否则，他们没有任何办法回国。澳门虽说是个商港，但散居各省的您的忠实臣民（指传教士）大多属于其他国家。他们的处境很值得怜悯，想留在中国却不被允许，要返回欧洲又没有办法，真像漆黑的夜间找不到任何栖身之处的旅人。据我们从广州得到的消息，巡抚命人公开张贴了礼部的决定。还发布严令让欧洲人必须于（阴历）六月、至迟七月离开其所有辖地。我们想到，陛下要我们留在朝廷效力，可我们不能没有欧洲朋友们的书信和帮助，若我们无人在广州受理，我们怎么能维持呢？②

大约是信中对皇帝的恭敬态度——自称"您忠实的臣民"打动了雍正，雍正让广州地方处理，其结果便是容许教士暂居广州。但接下来传教士在广州的传教活动及其潜藏各地秘密传教的行为，令雍正再次重申严令驱逐。留京传教士再次求情，可这回，雍正帝传旨召在京西士面见，并"盛气厉色"地谕曰：

> 汝辈西洋人，何称于我中国，彼寄居广东者，被逐出境，乃礼之当然，又何辞之有？即汝辈在京当差，亦岂能久焉？③

---

① 《御制数理精蕴》（上编），商务印书馆，1969年，第8页。

② （法）杜赫德编，郑德弟等译：《耶稣会士中国书简集——中国回忆录》第2卷，大象出版社，2001年，第336页。

③ 萧若瑟：《圣教史略》卷14，河北献县天主堂版，1932年，第202-203页，转引自汤开建：《雍正教难期间驱逐传教士至广州事件始末考》，《清史研究》2014年第2期。

"汝""我"之分，"西洋"与"中国"的阵营再次壁垒分明，与其父康熙帝质问多罗的表述如出一辙。雍正的禁教措施，实际上也是"中国礼仪之争"的后续，开启了"百年禁教"之端，影响巨大，也造成了中西之间更深刻的矛盾。此后，即便是留在清帝身边的西洋传教士，也仅是作为技艺工匠而存在。

地理发现的成果，一次次世界地图的绘制，传教士的耳濡目染，与罗马教廷之间的针锋相对，使清帝对于世界的认知比起以往任何一个王朝的帝王都更清晰。皇家御座旁到处都是西洋器物，康熙帝乐于西方科学，雍正帝甚至在《行乐图》上穿上了洋装，乾隆帝修建的圆明园更是一座充满欧洲巴洛克风格的园林，但他们对西洋诸国的印象却并不乐观。

有学者以为，清帝是按照藩属国来想象这些来自西方的远人的。其理由是：不管是藩属国，还是与清朝仅是一般关系的国家，其使臣觐见清朝皇帝都被要求三跪九拜。如顺治十三年（1656），俄国使臣巴依科夫率团来华，因拒向顺治帝跪拜，被拒收礼物并遣返。乾隆五十八年（1793），英使马戛尔尼觐见乾隆帝时，拒绝三跪九叩，最后虽允许其按觐见英王礼单膝下跪，但其与中国通商的所有要求都被拒绝。其后，英使阿美士德再访中国，欲觐见嘉庆帝，同样因为拒绝三跪九拜，连清帝的面都没见上就被驱逐遣返。这些事件同样被称作礼仪之争，论者多以为是清帝习惯用想象中的朝贡关系来定义中外，但由前述可知，清帝对于西洋的理解，实际是与藩属国完全不同的。藩属虽然不在边界之内，但仍然是向化臣服的藩服，而西洋才是无论在地理上还是文化上都"何裨于我中国"的真正外国。

清帝对于中国的定位，也在一次次与西洋各国的交锋中清晰起来。在康熙、雍正的经验里，这些西洋人才是妄自尊大，不通"中国大礼"，于中国社会无益的小人。这种表述与儒家思想中的"华夷观"相遇，便发生了华夷的新定位。这一次的"华"当然是已在清帝治理下成为大一统国家的"大清国"，而"夷"指向的正是这些来自遥远国家的西洋远人。

乾隆五十八年（1793），其时西洋最强大的国家英吉利，首次遣使访华。1792年9月26日，英女王委任马戛尔尼为访华全权特使出访中国。在英国方面看来，扩大中英贸易，保护英商对华贸易，是来华的缘由。在马戛尔尼使团启程之前，英国东印度公司董事长弗兰西斯·培林爵士用英文和拉丁文致信署两广总督、广东巡抚郭世勋，通知此事。从这封信的行文方式、用词和口气看，都是按双方是平等地位来叙述的，英王和清帝都是大国之主，地位相当，不是君臣之间的隶属关系。郭世勋不敢如实翻译，便把原件呈上，又将信译成汉文，作了修改，把平行口气译成下对上、外夷对天朝的禀帖口气。乾隆看到郭世勋的奏折及信件译稿，非常高兴，连续下谕令沿途官员好好接待，优遇使者。但是，对于英使贡单上的礼物，如天体运行仪、天体仪、地球仪、气象仪、汽车、枪炮、军舰模型等物，或许是因为早已在传教士处得到或者听闻，出于外交自尊，乾隆帝表示贡单夸大其词，令接待使臣的征瑞"可于无意中闲谈，所贡之物，天朝原亦有之"①。

使团到避暑山庄谒见乾隆之前，双方就已经在觐见行礼的问题上争执不下。经过反复谈判，最后议定，英使以谒见英王行单腿下跪的礼节，谒见中国皇帝。马戛尔尼态度的傲慢与倔强，令乾隆帝不满，下谕指责贡使妄自尊大，命令接待不须如前优待。

在马戛尔尼的记录中，其以为是由于礼仪的争端惹怒了乾隆皇帝，故此让英方的贸易通商要求都被拒绝。但在清帝的言行记录中，我们可以看到，这是源于历史原因和基本国策。

关于英国请求使节留驻，乾隆帝认为其有传教之意，以"华夷之辨甚严"拒绝了西洋人"妄行传教"，并在传谕两广总督长麟时对此举做了解释：

> 英人留京既不能照料远在澳门的贸易，也不能效法天朝礼法，且想来西洋人只有情愿来京当差者方准留京，遵用天朝服饰，安置堂内，永远不准回国。他们并不能如此，异言易服，逗留京城，或其心怀叵测，其事断不可行。②

可见，这种拒绝是此前康、雍两朝关于天主教事件处理的延续，也体现了清帝对西洋人一贯的防范，正由此，乾隆更明确对长麟说："其国王不满，或借词生事，要暗中先事防范。"而对于通商贸易一事，因其要求比西洋其他国家更多特权，乾隆以为不妥，谕令指示"公平收纳，务与西洋别国相同"③。

但英国礼物反映出来的科学技术水平之高，仍给予乾隆强烈的震撼。乾隆刚从避暑山庄返回京城，就立即前往圆明园参观了英国使团的"贡品"。隔一日，乾隆帝密令传谕长麟："英吉利在西洋诸国中较为强悍，且闻其向在海洋有劫掠西洋各国商船之事，是以附近西洋一带夷人畏其恣横。"④九月一日，乾隆又再次密令军机大臣传谕沿海各督抚：

---

① 常建华编：《乾隆事典》，紫禁城出版社，2010年，第464页。
② 常建华编：《乾隆事典》，前引书，第466页。
③ 常建华编：《乾隆事典》，前引书，第466-467页。
④ 《清实录·高宗纯皇帝实录》卷1435，乾隆五十八年八月戊子。

该国夷人虽能谙悉海道，善于驾驭，然便于水而不便于陆，且海船在大洋亦不能进内洋也，果口岸防守严密，主客异势，亦断不能施其伎俩！[1]

可见，乾隆帝对英国的基本情况是有正确认识的，其对西洋的防范之心也可知其根本未曾将之视为臣服的藩属国，要求使团叩头也是因为历来的外交自尊。更值得注意的是，乾隆对英国人的称呼是"夷人"，拒绝英使驻京的理由是"华夷有别"。郭成康以为："这可能是清朝皇帝第一次以民族意义上的'中华'与中国各民族的敌人外夷相对称。乾隆昧于世界大势，一厢情愿地以'华夷之辨'反制西方国家，固然不足称道，但这中间隐含着面临日益迫近的西洋威胁，中华民族的自我认同已呼之欲出了。"[2]

此后，在防范和鄙夷的心态下，清帝长期称西洋诸国为"夷"，咸丰帝坚守"华夷之辨"，蔑称外国人"性同犬羊"，宁愿放弃关税也不愿让外国使臣留驻北京。光绪二十一年（1895）六月一日，日本公使明确抗议清政府改正"夷岛"等用语，清政府才诏令一切文书不得再用"夷"字。

小　结

如果说，清代中前期的诸位帝王通过地理学技术确认了国家版图，从而在地理上区分了"中国"与"藩属"国，那么，通过与西洋诸国之间的往来斗争，就明确了中外之间的文化分界。那种从上古传承而来"普天之下，莫非王土，率土之滨，莫非王臣"的空想"天下"观念，已消散在这两条界线之外了。确认了作为参照坐标的他者，才能更清晰地认知自己。从"外邦"发现"中国"，清代中前期的帝王们才更清楚地认识到中国在世界体系中的位置和在文化意义上的内涵。

其后，第一次鸦片战争的惨败，使得晚清政府天朝帝国万世长存的幻想彻底破灭了。以西方文明为代表的"坚船利炮"打开了大清帝国封闭的大门。一系列战争的结局促使中国的有识之士不得不思考，为什么泱泱大国竟被自己一向不齿的"夷狄"打败？清朝末期，其官员曾有三次大规模集体出洋的记录：同治七年（1868）由外国人蒲安臣率领的近代中国第一个外交使团，光绪十三年（1887）通过考试选拔的全由中国官员组成的游历使团，光绪三十一年（1905）

---

① 《清实录·高宗纯皇帝实录》卷1436，乾隆五十八年九月辛卯。
② 郭成康：《清朝皇帝的中国观》。

的五大臣使团。他们考察了很多国家，日、美、英、法、德、比利时、意大利、奥地利等国均在列。出国考察是基于变革，"宪政"是首要目标。每到一国，宪政实施都让他们耳目一新。此时的清朝才开始正视那些曾经在清帝看来虽然需要防范但却遥远、与己无关的远人。

结　语

美国人类学家罗纳德（Ronald A. Reminick）在他撰写的小册子 *Theory of Ethnicity：An Anthropologist's Perspective*（《族群理论：一个人类学界的视角》）中很有启发性地谈道：

社会族群身份（social ethnic identity）与文化族群身份（cultural ethnic identity）在个人的成长中各自扮演着重要角色。因为人被社会网络所包围，而又被价值、象征、历史和信仰的体系所教导成人。一个是时刻都在变迁的变量，一个是企图维持传统不朽的相对恒量。在社会变迁和同化族群的过程中，个体身份和认同的变化在逻辑上有四种可能：

（1）个体可能会沿着社会阶梯往前发展，同时，为了得到最大化的社会回报而表现出被同化的样态，因此我们将看到其社会关系网络看起来最为非"族"化（non-ethnic）；然而，在与外界隔离的家庭组织内部，在个体的日常生活活动中，其对"族"的文化信仰、价值取向仍然占据主导地位。

（2）个体也可能继续遵守族内社会规则，思想上却为更广泛的外部社会的价值、信仰、趋向所同化。

（3）个体可能完全被外部社会所同化，而舍弃"族"内文化，与族内成员仅仅保持疏远的联系。

（4）个体也可能与族内关系网保持紧密联系，绝不放弃族内文化，因此最大化地维持着"族"的传统。①

笔者曾用此观点来分析中国明清之际的汉族知识分子个体认同，认为其时，汉族知识分子正是在满族政权所主导的国家结构与汉族传统的族内文化之间进行选择，国家是社会族群身份的表现，对国家的认识是一个变迁的变量，而汉族则是文化族群身份的自觉，是一种在认知中有着稳固形态（实则不然）的相对衡量，选择不同，从而也导致知识分子们对自身身份的认知不同。

该观点同样适用于本书所讨论的清朝帝王。清帝同样遭遇了他们自己所主

---

① Ronald A Reminick. *Theory of Ethnicity:An Anthropologist's Perspective*.University Press of America,1983.p.19.

导的国家结构与维护的满族传统的族内文化之间的选择，帝王们也身处族群与国家意识的夹缝中。作为同时在族群与国家都拥有最高话语权的一群人，他们的选择显得更为复杂多变。

他们在族群内部确认了共同的历史渊源——女真人，打造了首领们的祖先神话——仙女食朱果生先祖，确认了族群起源地——长白山，创造了崭新的文字——满文，统一了衣冠发式，用八旗制度的形态确认了共同的经济生活模式。满足了斯大林提出的民族构成的四要素：共同语言、共同地域、共同经济生活以及共同的民族文化。族群有了明确的称呼：满洲，树立起了族群的他者——明朝，在与他者的交往、战争中建立起了越发清楚的自我定位。

进入了中原腹地之后，清帝们开始了新的角色定位。自称是中国的皇帝；重新编排了历代大一统王朝的帝王谱系；同时建立起效忠帝王的忠臣谱系；用文化正统取代了血统正统，将自己塑造成中华正统新的继承者；在一次次的巡视与仪式展演中确立了当时中国元首的威信；在一次次版图拓张与地理测量的过程中获得了对边疆的认识，也将国家意识灌输给边疆地区的子民；在与外藩、外国的往来中，树立起了国家的他者，从而对"中国"有了更明确的认知。

在族群与国家之间，清帝们或主动或被动地承担起链接的作用。当先祖的灵位迁入北京的太庙，与供奉中原大一统王朝的历代帝王庙共居同一空间之下，当原定为国语的满语地位最终被强势的汉语所取代，当祖先起源地长白山进入山川信仰体系的中心，当儒家忠义被列于国家文化的首要地位，当国家上下统一辫服，当面对外国的敌意，国与家在冲突与融合中模糊了界限。

在这界限模糊的背后，隐藏着清帝对传统华夷观念的重新定位。清初，满人在华夷格局中被定位为"夷狄"身份，困扰着清帝，他们一直致力于冲破这种观念的枷锁。皇太极、康熙尊孔崇儒的各种表述与仪式，雍正帝与曾静之间的"华夷"论战，康熙、雍正、乾隆对大一统疆域的强调、对历代帝王庙的苦心经营……实则都是为此采取的应对措施。他们努力地将华之正统解释为文化正统，以取代血缘（族群）正统。雍正帝《大义觉迷录》事件所制造的朝野大讨论，就努力地传播他对此的看法：所谓的华夷区别只在地域，而无分文化高下，满人创立了前所未有的大一统国家，即为合法正统继承人。而对汉语"夷"的内涵，乾隆帝也通过耳提面命、软硬兼施的手段，进行了导向性的规范。

在满人的汉语表达中，虽自发将自身族群排除在"夷"之外，但起初亦是按照传统习惯指称蒙古为"夷"。乾隆十四年（1749），当满大臣阿灵阿在奏折中谈及蒙古使用"夷汉"概念时，乾隆帝表达了自己的不满："以百余年内属之

文学人类学视角下清代中前期国家与族群意识研究

蒙古，而目之为夷，不但其名不顺，蒙古亦心有不甘。"①此后，乾隆二十年（1755）甘肃巡抚、权臣鄂尔泰侄子鄂昌卷入党争，乾隆帝为了震慑群臣，以其诗中称蒙古为"胡儿"为借口，斥其数典忘祖，勒令其自尽。②类似的强势表述，让"夷狄"的内涵，排除了满人与蒙古人。

随着西洋人来华，不断挑战中国的风俗、仪制，并提出了各种要求，清帝意识到这是一群新的对手。马戛尔尼率领的英使团，被乾隆帝称为"英夷"。道光、咸丰、同治三朝编纂的《筹办夷务始末》，用"夷务"指称面向西洋各国的事务。甚至，因为与西洋诸国的紧张关系，朝鲜等藩属国反而摘掉了"夷"的帽子，被呼之以中性词"外国"，或者稍带贬义的"外番"。至此，"夷狄"这一指称和内涵均发生了重大变化。"这不仅仅是族群上、文化习俗上的差异，更是政治上的竞争和冲突，是国际秩序的重构。"③

曾几何时，"中国""华夏""汉"在作为指称上存在着复杂和微妙的重合与游离。在《春秋》《左传》《国语》等先秦典籍中，春秋时期只有中原诸侯方可被称为"中国""诸夏""诸华"或"华夏"；周边的秦、楚等皆为"夷狄"，这时的中国是用血统定义的。战国七雄并称"诸夏"，同列"中国"。"中国"与"诸夏""华夏"同义，与"四夷""夷狄"相对而称。此时的"中国"又是文化的概念。

《春秋》明"华夷之辨"，把文化标准放在了首位。因此，作为民族与文化名称的含义，魏晋以前"中国人"与"夏人"同义；东晋十六国至南北朝，又派生出了"中华"与"汉人"作为族群名称的新称谓，原来"中国"与"四夷"对称，此时又派生出了"番汉"的新对称。

在《南宋抗蒙古檄文》中，用于自称时，仍然多用"中原""中华""华夏""夏"，但也同时并置了"侵我汉疆""尊夷攘汉"这样的句子，而其将"夷汉"对举，更令民族的文化内涵越见清晰——"彼之道，尊夷攘汉，愚黔欺士，舍义求生，非孔孟之所谓道也；彼之法，扶强除弱，劫贫济富，分族论等，非韩商之所谓法也。斯儒，以乱我中华之正统，斯法，为败我华夏之纲常"，说明了对自我的定义是"汉""华夏""中华"的重合。

而清初诸帝，尚且苦恼于抗清汉人与明朝遗民每每以蛮夷相称，即便在康熙励精图治有了圣天子的美誉之后，雍正帝仍然要与一介书生在朝堂上为身为

①《清实录·高宗纯皇帝实录》卷354，乾隆十四年十二月戊寅。
②《清实录·高宗纯皇帝实录》卷489，乾隆二十年五月庚寅。
③ 张永江：《礼仪与政治：清朝礼部与理藩院对非汉族群的文化治理》，《清史研究》2019 年第1 期。

结

语

蛮夷的自己苦苦辩驳。直到对内建立了疆域明确的大一统国家体系，对外与西洋诸国有了清晰的文化界限认知，清帝终于堂而皇之地摘掉了"夷"的帽子，成为真正的"中国"代表。

从白山黑水走来的"夷人"，终于成为"中国"的正统元首，这样的身份确认，不仅仅是出于清帝自身的表述，更在国际体系中得以确认。屈辱的晚清历史，虽然充斥着诸多不平等条约，但这些具备法律约束性的条约的外语译名，却也折射出世界对于当时"大清国"等同于"中国"的认知。

《南京条约》的英方文件名是 *Treaty of Perpetual Peace and Friendship between China and Great Britain*，即《中国与大不列颠永久和平友好条约》，称呼清方是"Empire of China"，即中华帝国。《北京条约》的葡萄牙语文件正式名为 *Tratado de Amizade e Comércio Sino-Português*，即《中国与葡萄牙王国和好通商条约》，Sino 即中国。《中德通商条约》的德语版文件名是 *die Handels-, Freundschafts-und Schifffahrtsvertrgemit China*，即《中国与普鲁士王国通商条约》，同样 China 意为中国。

而在《望厦条约》中，美国称呼清朝使用的是"Ta Tsing Empire"，即大清帝国；《马关条约》中，日本称呼清朝使用的是"大清國"，也是大清国。可见，在异邦他者的观念中，大清国已然等同于中国。历代清帝孜孜以求的目标以这种屈辱的方式得以确认，不由得令人感慨历史的吊诡。

清朝远去了，清帝所致力耕耘的家与国都不复存在，却给后世中国留下了政治遗产。清帝所确认的边疆成为今日中国的大致版图，清帝所倡导的大一统多民族国家成为今日中国的现实，清帝所构建的满洲族群，成为这个多元一体中的一元。清帝所追求的外交自尊，已不必再通过三跪九叩的形式满足虚荣，而是正在成为今日中国跻身世界之林的现实。于此意义上，历史中国与当代中国的关联意蕴深远，令人敬畏，也令人期待。

古代文献

（清）阿桂等：《满洲源流考》，中国国际广播出版社，2016 年。

（明）陈确：《陈确集》，中华书局，1979 年。

（清）戴名世：《戴名世集》，中华书局，1986 年。

（清）董含：《三冈识略》，致之校点，辽宁教育出版社，2000 年。

（明）方文：《嵞山集》上卷，上海古籍出版社，1979 年。

（清）傅恒等：《皇清职贡图》卷 1，辽沈书社，1991 年。

（明清）顾炎武：《明季三朝野史》，台湾文献丛刊第 106 种，台湾银行经济研究室，1961 年。

（明）顾炎武：《顾亭林诗文集》，中华书局，1959 年。

（明）归庄：《归庄集》，上海古籍出版社，1984 年。

（明）黄宗羲：《黄宗羲全集》第二册，浙江古籍出版社，1986 年。

（明）黄宗羲：《黄宗羲全集》第十册，浙江古籍出版社，1993 年。

（明）黄宗羲：《黄宗羲全集》第十一册，浙江古籍出版社，1993 年。

（明）黄宗羲：《黄梨洲文集》，中华书局，1959 年。

（明清）韩菼等：《江阴城守纪》，台湾文献丛刊第 246 种，台湾银行经济研究室，1968 年。

（清）江日升：《台湾外纪》，文化图书公司，1972 年。

（清）计六奇：《明季南略》，中华书局，1984 年

（清）计六奇：《明季北略》，中华书局，1984 年。

（清）蒋士铨：《蒋士铨戏曲集》，中华书局，1993 年。

（清）孔尚任：《孔尚任诗文集》，中华书局，1962 年。

（清）孔尚任：《湖海集》，古典文学出版社，1957 年。

（清）李渔：《李渔随笔全集》，巴蜀书社，1997 年。

（清）李元庚：《望社姓氏考》，《小方壶斋丛书》本。

（清）梁章钜、梁恭辰：《楹联丛话全编》，白化文、李鼎霞点校，北京出版社，1996 年。

（清）吕留良：《吕留良诗文集》，台北商务印书馆影印本，1973 年。

（清）吕留良：《吕留良诗选》，浙江古籍出版社，1991年。

（清）吕留良：《吕晚村先生文集》，北京图书馆出版社，2003年。

（清）钮琇：《觚剩》，上海古籍出版社，1986年。

（清）钱谦益：《牧斋有学集》，上海古籍出版社，1996年。

（清）钱谦益：《钱牧斋全集》第六卷，上海古籍出版社，2003年。

（清）钱仪吉：《碑传选集》，台湾文献史料丛刊第四辑（67），台北大通书局，1984年。

（明）屈大均：《翁山文钞》，商务印书馆，1946年。

（清）全祖望：《鲒埼亭集外编》，四部丛刊本。

（清）全祖望：《鲒埼亭集》，四部丛刊本。

（清）邵廷采、戴名世等：《东南纪事》（外十二种），北京古籍出版社，2002年。

（清）孙静庵：《明遗民录》，浙江古籍出版社，1985年。

（清）王葆心等：《钦定胜朝殉节诸臣录 蕲黄四十八砦纪事》（合订本），台北大通书局，1987年。

（明）王夫之：《读通鉴论》，中华书局，1975年。

（明）王夫之：《黄书噩梦》，古籍出版社，1956年。

（明）王士性著，周振鹤编校：《王士性地理书三种·广游志》，上海古籍出版社，1993年。

（明）魏僖：《魏叔子文集》，中华书局，2003年。

（清）魏源：《圣武记》，中华书局，1984年。

（清）温睿临、李瑶：《南疆逸史》，中华书局，1959年。

（明）翁洲老民：《海东逸史》，浙江古籍出版社，1985年。

（清）吴伟业：《鹿樵纪闻》，上海书店，1982年。

（清）徐鼒：《小腆纪传》，中华书局，1958年。

（清）徐鼒：《小腆纪年附考》，王崇武校点，中华书局，1957年。

（清）徐芳烈：《浙东纪略》，浙江古籍出版社，1985年。

（清）徐珂编纂：《清稗类钞》第三册，中华书局，1984年。

（清）杨秀清、萧朝贵：《奉天讨胡檄布四方谕》，《太平天国印书》上册，江苏人民出版社，1979年。

（明）叶绍袁：《甲行日注》，毕敏点校，岳麓书社，1986年。

（清）雍正皇帝编纂：《大义觉迷录》，张万钧、薛予生编译，中国城市出版社，1999年。

（清）佚名：《四王合传》，见《甲申传信录（外四种）》，北京古籍出版社，

2002 年。

（明）余怀：《板桥杂记》，上海古籍出版社，2000 年。

（清）余金撰，顾静标校：《熙朝新语》，上海书店出版社，2008 年

（明）张岱：《西湖梦寻》，广陵古籍刻印社，1983 年。（笔记小说大观第三十五编第二册）

（明）张岱：《陶庵梦忆》，江苏古籍出版社，2000 年。

（清）赵翼、姚元之：《檐曝杂记竹叶亭杂记》，中华书局，1982 年。

（明）朱舜水：《朱舜水集》，中华书局，1981 年。

（清）蒋良骐：《东华录》，齐鲁书社，2005 年。

（清）陈梦雷等：《钦定古今图书集成·方舆汇编·山川典》，齐鲁书社，2006 年。

（清）夏燮：《明通鉴》，中华书局，1959 年。

（清）赵尔巽等：《清史稿》，中华书局，1976 年。

《清史列传》，中华书局，1987 年。

《清实录·世祖章皇帝实录》，中华书局，1986 年。

《清实录·高宗纯皇帝实录》，中华书局，1986 年。

《清实录·世宗宪皇帝实录》，中华书局，1985 年。

《清实录·圣祖仁皇帝实录》，中华书局，1985 年。

（清）张廷玉等：《清朝文献通考》，四库全书本。

（清）爱新觉罗·玄烨：《圣祖仁皇帝御制文集·初集》卷十九，《文渊阁四库全书》影印本。

（清）爱新觉罗·弘历：《御制诗三集》，吉林出版集团，2005 年。

（清）爱新觉罗·弘历：《御制文初集》，清乾隆 28 年武英殿初印本。

《清会典事例》，中华书局，2012 年。

（清）爱新觉罗·玄烨：《康熙家训》，华夏出版社，2018 年。

今人著作

卞僧慧：《吕留良年谱长编》，中华书局，2003 年。

蔡美彪：《中国通史》第九册，人民出版社，1986 年。

常建华编著：《乾隆事典》，紫禁城出版社，2010 年。

陈捷先：《努尔哈赤事典》，紫禁城出版社，2010 年。

陈捷先：《努尔哈赤写真》，商务印书馆，2011 年。

陈寅恪：《柳如是别传》，上海古籍出版社，1980 年。

邓之诚：《清诗纪事初编》，上海古籍出版社，1965 年。

杜家骥编著：《皇太极事典》，紫禁城出版社，2010年。

樊学庆：《辫服风云：剪发易服与清季社会变革》，生活·读书·新知三联书店，2014年。

方豪：《中国天主教史人物传》，宗教文化出版社，2007年。

费孝通主编：《中华民族多元一体格局》，中央民族学院出版社，1989年。

复旦大学历史学系编：《近代中国的国家形象与国家认同》，上海古籍出版社，2003年。

高岚：《从民族记忆到国家叙事》，四川文艺出版社，2010年。

葛剑雄：《统一与分裂——中国历史的启示》，中华书局，2008年。

葛兆光：《想象异域——读李朝朝鲜汉文燕行文献札记》，中华书局，2014年。

葛兆光等：《殊方未远——古代中国的疆域、民族与认同》，中华书局，2016年。

宫宝利编著：《顺治事典》，紫禁城出版社，2010年。

顾诚：《南明史》，中国青年出版社，1997年。

何宗美：《明末清初文人结社研究》，南开大学出版社，2003年。

李季平：《孔尚任与桃花扇》，齐鲁书社，2002年。

李零：《我们的中国》，生活·读书·新知三联书店，2016年。

梁启超：《中国近三百年学术史》，团结出版社，2006年

梁启超：《梁启超论清学史二种》，复旦大学出版社，1985年。

林铁钧、史松主编：《清史编年》第一卷，中国人民大学出版社，2000年。

林铁钧、史松主编：《清史编年》第四卷，中国人民大学出版社，2000年。

刘凤云等编：《清朝的国家认同》，中国人民大学出版社，2010年。

刘耿生编著：《光绪事典》，紫禁城出版社，2010年。

刘小萌：《满族从部落到国家的发展》，中国社会科学出版社，2007年。

孟森：《明清史论著集刊》，中华书局，1959年。

孟森：《心史丛刊》，岳麓书社，1986年。

孟森：《明清史讲义》下册，中华书局，1981年

孟森：《明清史论著集训》下册，台北世界书局，1965年。

纳日碧力戈：《现代背景下的族群建构》，云南教育出版社，2000年。

祁美琴、强光美编译：《满文〈满洲实录〉译编》，中国人民大学出版社，2015年。

钱穆：《中国历代政治得失》，生活·读书·新知三联书店，2001年。

钱仲联编：《清诗纪事》，康熙朝（卷五），江苏古籍出版社，1987年。

商衍鎏：《清代科举考试述录》，故宫出版社，2014年。

孙英刚：《神文时代：谶纬、术数与中古政治研究》，上海古籍出版社，2015 年。

孙喆：《康雍乾时期舆图绘制与疆域形成研究》，中国人民大学出版社，2003 年。

孙中山：《孙中山全集》第二卷，中华书局，1981 年。

田天：《秦汉国家祭祀史稿》，生活·读书·新知三联书店，2015 年。

万明：《中国融入世界的步履——明与清前期海外政策比较研究》，故宫出版社，2014 年。

王明珂：《华夏边缘——历史记忆与族群认同》，社会科学文献出版社，2006 年。

王钟翰：《王钟翰学术论著自选集》，中央民族大学出版社，1999 年。

王钟翰：《中国民族史》，中国社会科学出版社，1994 年。

王钟翰：《清史十六讲》，中华书局，2015 年。

王子林：《皇城风水：北京——王不得不为王之地》，紫禁城出版社，2008 年。

温春来：《从"异域"到"旧疆"——宋至清贵州西北部地区的制度、开发与认同》，社会科学文献出版社，2019 年。

吴光主编：《黄宗羲论——国际黄宗羲学术讨论会论文集》，浙江古籍出版社，1987 年。

吴梅：《顾曲麈谈》，台湾广文书局，1962 年。

夏晓虹：《晚清女性与近代中国》，北京大学出版社，2005 年。

谢国桢：《增订晚明史籍考》，中华书局，1964 年。

谢正光、佘汝丰编著：《清初人选清初诗汇考》，南京大学出版社，1998 年。

姚大力：《追寻我们的根源——中国历史上的民族与国家意识》，生活·读书·新知三联书店，2018 年。

姚念慈：《康熙盛世与帝王心术》，生活·读书·新知三联书店，2015 年。

叶舒宪、萧兵、郑在书：《山海经的文化寻踪上》，湖北人民出版社，2004 年。

余新忠编著：《道光事典》，紫禁城出版社，2010 年。

余英时：《历史人物考辨》，广西师范大学出版社，2006 年。

于涌：《移天缩地到君怀：圆明园文化透视》，海天出版社，2012 年。

袁珂：《中国神话史》，北京联合出版公司，2018 年。

詹鄞鑫：《神灵与祭祀》，南京：江苏古籍出版社，1992 年。

赵园：《明清士大夫研究》，北京大学出版社，2014 年。

中山陵园管理局、南京孝陵博物馆编：《明孝陵志新编》，黑龙江人民出版社，2002 年

钟兴麒等校注：《西域图志校注》，新疆人民出版社，2002 年。

参考文献

周郢：《文史论文集》"泰山历史年表"，山东文艺出版社，1997年。

周远廉：《清朝开国史研究》，中华书局，2012年。

周远廉：《乾隆帝大传》，故宫出版社，2016年。

朱诚如、王天有主编：《明清论丛》第一辑，紫禁城出版社，1999年。

庄吉发编著：《咸丰事典》，紫禁城出版社，2010年。

台湾"中央研究院"历史语言研究所：《明清史料》丁编第一本，商务印书馆，1951年。

台湾"中央研究院"历史语言研究所：《明清史料》丁编第三本，台湾"中央研究院"历史语言研究所，1972年。

台湾"中央研究院"历史语言研究所：《明清史料》庚编第八本，中华书局，1987年。

周骃方编校：《明末清初天主教史文献丛编》第五册，北京图书馆出版社，2001年。

中国第一历史档案馆编：《清中前期西洋天主教在华活动档案》第1册，中华书局，2003年。

中国第一历史档案馆编：《康熙朝满文朱批奏折全译》，中国社会科学出版社1996年。

译　著

（英）安东尼·史密斯：《民族主义——理论，意识形态，历史》，叶江译，上海人民出版社，2006年。

（法）白晋等：《外国人眼中的中国人康熙大帝》，黄慧婷等译，东方出版社，2013年。

（美）本尼迪克特·安德森：《想象的——民族主义的起源与散布》，吴叡人译，上海世纪出版集团，2005年。

（美）杜赞奇：《从民族国家拯救历史——民族主义话语与中国现代史研究》，王宪明译，社会科学文献出版社，2003年。

（美）费正清等编撰：《剑桥中国明代史》，张书生等译，中国社会科学出版社，1992年。

（美）费正清等编：《中国：传统与变革》，陈仲丹等译，江苏人民出版社，2012年。

（英）厄内斯特·盖尔纳：《民族与民族主义》，韩红译，中央编译出版社，2002年。

（日）宫崎市定：《雍正帝——中国的独裁君主》，孙晓莹译，社会科学文献出版社，2016 年。

（美）何伟亚：《怀柔远人：马嘎尔尼使华的中英礼仪冲突》，邓常春译，社会科学文献出版社，2002 年。

（英）埃里克·霍布斯鲍姆：《民族与民族主义》，李金梅译，上海人民出版社，2000 年。

（美）孔飞力：《叫魂：1768 年中国妖术大恐慌》，陈兼等译，上海三联书店，1999 年。

（英）奈杰尔·拉波特等：《社会文化人类学的关键概念》，鲍雯妍等译，华夏出版社，2005 年

（美）约瑟夫·拉彼德、（德）弗里德里希·克拉拖赫维尔主编：《文化和认同：国际关系回归理论》，金烨译，浙江人民出版社，2003 年。

（美）梅尔清：《清初扬州文化》，朱修春译，复旦大学出版社，2004 年。

（美）欧立德：《乾隆帝》，青石译，社会科学文献出版社，2014 年。

（美）史景迁：《追寻现代中国：1600—1912 年的中国历史》，上海远东出版社，2004 年。

（美）史景迁：《皇帝与秀才：皇权游戏中的文人悲剧》，邱辛晔译，上海远东出版社，2005 年。

（美）司徒琳主编：《世界时间与东亚时间中的明清变迁》，赵世瑜等译，生活·读书·新知三联书店，2009 年。

（美）王国斌：《转变的中国——历史变迁与欧洲经验的局限》，李伯重、连玲玲译，江苏人民出版社，2005 年。

（英）雷蒙·威廉斯：《关键词——文化与社会的词汇》，刘建基译，生活·读书·新知三联书店，2005 年。

（美）魏斐德：《洪业——清朝开国史》，陈苏镇等译，江苏人民出版社，2003 年。

（美）魏斐德：《中华帝国的衰落》，梅静译，民主与建设出版社，2017 年。

（德）哈拉尔德·韦尔策编：《社会记忆：历史、回忆、传承》，李斌等译，北京大学出版社，2007 年。

（英）特瑞·伊格尔顿：《文化的观念》，方杰译，南京大学出版社，2003 年。

外文原著

Allen, Carey-Webb. *Making Subjects: Literature and the National Identity.* New

York: Garland Pub, 1998.

Crossley, Pamela Kyle. *A Translucent Mirror:History and Identity in Qing Imperial Ideology.* University of California Press, 1999.

Crossley, Pamela Kyle.*The Manchus.* Blackwell Publishers Inc, 1997.

Danopoulos, Constantine P. ed. *Civil-military Relations, Nation Building, and National Identity: Comparative Perspectives* .Westport, Conn.; Praeger, 2004.

Day, Graham and Thompson,Andrew. *Theorizing Nationalism.* New York: Palgrave Macmillan, 2004.

Dittmer, Lowell and Kim., Samuel S. ed. *China's Quest for National Identity.* Ithaca :Cornell University Press, 1993.

Duara, Prasenjit. *Rescuing History from the Nation: Questioning Narratives of Modern China.* Chicago and London:The University of Chicago Press, 1995.

Greenfeld, Liah. *Nationalism: Five Roads to Modernit.* Harvard University Press, 1992.

Guibernau, Montserrat. *Nationalisms: The Nation-State and Nationalism in the Twentieth Century.* Cambridge: Polity Press, 1996.

Guo, Yingjie. *Cultural Nationalism in Contemporary China: The Search for National Identity under Reform.* New York: Routledge, 2004.

Hasting, Adrian. *The Construction of Nationhood: Ethnicity, Religion and Nationalism.* Cambridge: Cambridge University Press, 1997.

Hobsbawm, Eric &Ranger,Terence. ed. *The Invention of tradition.* Cambridge: Cambridge University Press, 1983.

Ho, Ping-Ti. *The ladder of success in Imperibel China: Aspects of Social Mobility, 1368-1911.* Columbia University Press, 1962.

Hughes, Christopher. *Taiwan and Chinese Nationalism: National Identity and Status in International Society* . New York: Routledge, 1997.

Hutchinson, John & Smith, Anthony D. ed. *Nationalism:Critical Concepts in Political Science Vol. I-IV.* London : Routledge Press, 2002.

Joseph, John. E. *Language and Identity : National ethnic, religions.* Hampshire: Palgrave Macmillan, 2004.

Kriesi, Hanspeteret. ed. *Nation and National Identity: the European Experience in Perspective.* Purdue University Press, 2004.

Kumar, Krishan. *The Making of English National Identity.* New York:

Cambridge University Press, 2003.

Lavezzo, Kathy. *ed. Imaging a Medieval English Nation*. Minneapolis: University of Minnesota Press, 2004.

Lawrence, Paul. *Nationalism: History and Theory*. New York: Pearson Education, 2005.

Lewellen, Ted C. *Political Anthropology*. Greenwood Publishing Group, 2003.

Liew, Leong H. &Wang, Shaoguang. *Nationalism, Democracy and National Integration in China*. New York: Routledge Curzon, 2004.

Liu, Xiaoyuan. *Frontier Passages: Ethnopolitics and the rise of Chinese Communism 1921-1945*. Stanford:Stanford University Press,2004.

Lunt, Theodore R. W. *The quest of nations: A Study in National and International Ideals*. London: United council for missionary education, 1921.

McCrone, David. *The Sociology of Nationalism: Tomorrow's Ancestors*. London: Routledge Press, 1998.

Meyer-Fong, Tobie. *Building Culture in Early Qing Yangzhou*. Stanford, California: Stanford University Press, 2003.

Pratt, Jeff. *Class, Nation and Identity: the Anthropology of Political Movements*. London: Pluto Press, 2003.

Rawski, Evelyn S. *The Last Emperors: A Social History of Qing Imperial Institutions*. University of California Press, 1998.

Reminick, Ronald. *A Theory of Ethnicity: An Anthropologist's Perspective*. University Press of America, 1983.

Smith, Alan G. R. *The emergence of a nation state: the commonwealth of England 1529-1660.*London: Longman, 1997.

Smith, Alfred P. ed. *Medieval Europeans: studies in ethnic identity and national perspectives in Medieval Europe*. Hampshire : Macmillan Press, 1998.

Smith, Anthony. D. *The Ethnic Origins of Nations*. Oxford: Blackwell, 1986.

Smith, Anthony D. *Chosen Peoples.*Oxford: Oxford University Press, 2003.

Smith, Anthony.D. *The Antiquity of Nations.*Combridge:Polity Press, 2004.

Stein, Tonnesson& Hans, Antlov. ed. *Asian Forms of the Nation*. Richmond: Cruzon Press, 1996.

Strassberg, Richard E. *The World of Kung Shang-jen: A Man of Letters in Early Ching China*. New York: Columbia University Press, 1983.

Xu, Guoqi. *China and the Great War: China's Pursuit of a New National Identity and Internationalization* . New York: Cambridge University Press, 2005.

Umut, Ozkirimli. *Theories of nationalism: a critical introduction.* New York: St. Martin's Press, 2000.

Vincent, Andrew. *Nationalism and Particularity*. Cambridge: Cambridge University Press, 2002.

Withers, Charles W.J.*Geography, Science, and National Identity: Scotland since 1520.* Cambridge: Cambridge University Press, 2001.

Zhao, Suisheng. *A Nation-sate by Construction: Dynamics of Modern Chinese Nationalism.* Stanford : Stanford University Press, 2004.

论　文

白洪希：《清朝关外都城辨》，载《辽宁大学学报》（哲学社会科学版）2000年第 1 期。

白洪希：《清宫堂子祭祀研究》，载《民族研究》1996 年第 4 期。

蔡美彪：《大清国建号前的国号、族名与纪年》，载《历史研究》1987 年第 3 期。

苍铭、刘星雨：《从〈皇清职贡图〉看"新清史"的"清朝非中国论"》，载《中央民族大学学报》（哲学社会科学版）2019 年第 6 期，

常书红：《清代满族的根本地位与角色》，载《满族研究》2002 年第 4 期。

陈述：《汉儿、汉子说》，载《社会科学战线》1986 年第 1 期。

陈鸿、陈帮贤：《清初莆变小乘》，载《清史资料》，中华书局，1980 年第一辑。

陈其泰：《20 世纪初民族观的历史演进——兼论历史文化认同在中国近代的发展》，载《北京师范大学学报》（社会科学版）2006 年第 5 期。

陈玉屏：《"夷狄之有君不如诸夏之亡也"本义考》，载《中华文化论坛》1998年第 4 期。

成积春：《论康熙以"理"治国的理论与实践》，载《齐鲁学刊》2006 年第 2 期。

邓玉娜：《"甲申之变"与中国官绅阶层》，载《郑州航空工业管理学院学报》（社会科学版）2005 年第 3 期。

邸永君：《从〈大义觉迷录〉看清世宗之文化本位观——兼论有清一代之历史地位及士人之境遇》，载《满族研究》2005 年第 2 期。

定宜庄、胡鸿保：《从族谱编纂看满族的民族认同》，载《民族研究》2001年第6期。

定宜庄：《美国学者近年来对满族史与八旗制度史的研究简述》，载《满族研究》2002年第1期。

董恩林：《试论历史正统观的起源与内涵》，载《史学理论研究》2005年第2期。

杜春媚：《从归庄看明遗民多样性的生存选择》，载《清史研究》2001年第4期。

杜家骥：《清代满族皇帝对长白山的高度神化及其祭祀之礼》，载《满族研究》2010年第3期。

段志强：《经学、政治与堪舆：中国龙脉理论的形成》，载《历史研究》2021年第2期。

（挪威）弗里德里克·巴斯：《族群与边界》，高崇译，载《广西民族学院学报》（哲学社会科学版），1999年第1期。

高翔：《清军入关与士人队伍的分化》，载《紫禁城》2004年第6期。

高源：《历史记忆与族群认同》，载《青海民族研究》2007年第3期。

葛兆光：《从"朝天"到"燕行"——17世纪中叶后东亚文化的解体》，载《中华文史论丛》总第八十一辑。

葛兆光：《重建关于"中国"的历史论述》，载《二十一世纪》2005年第8期。

葛兆光：《大明衣冠今何在》，载《史学月刊》2005年第10期。

葛兆光：《道统、系谱与历史——关于中国思想史脉络的来源与确立》，载《文史哲》2006年第3期。

顾启：《冒襄王士禛交游考》，载《南通师范学院学报》（哲学社会科学版）2000年第2期。

郭成康：《清朝皇帝的中国观》，载《清史研究》2005年第4期。

郭洪纪：《儒家的华夏中心观与文化民族主义》，载《历史教学问题》1994年第5期。

郭预衡《清代文治与文章》，载《北京师范大学学报》（社会科学版）1999年第5期。

郝时远：《Ethnos（民族）和 Ethnic group（族群）的早期含义与应用》，载《民族研究》2002年第4期。

何芳川：《"华夷秩序"论》，载《北京大学学报》（哲学社会科学版）1998

年第 6 期。

　　胡克森：《论中国古代正统观的演变与中华民族融合之关系》，载《史学理论研究》1999 年第 4 期。

　　黄爱平：《清代的帝王庙祭与国家政治文化认同》，载《清史研究》2011 年第 1 期。

　　黄兴涛：《清代满人的"中国认同"》，载《清史研究》2011 年第 1 期。

　　江湄：《从"大一统"到"正统"论——论唐宋文化转型中的历史观嬗变》，载《史学理论研究》2006 年第 4 期。

　　姜胜利：《明遗民与清初明史学》，载《安徽大学学报》（哲学社会科学版）2003 年第 1 期。

　　蒋寅：《王士禛与江南遗民诗人群》，载《北京大学学报》（哲学社会科学版）2005 年第 5 期。

　　孔定芳：《明清易代与明遗民的心理氛围》，载《历史档案》2004 年第 4 期。

　　孔定芳：《清初的经世致用思潮与明遗民的诉求》，载《人文杂志》2004 年第 5 期。

　　孔定芳：《明遗民的身份认同及其符号世界》，载《中国社会科学院研究生院学报》2005 年第 3 期。

　　孔定芳：《清初明遗民的"云游"行为及其意蕴》，载《人文杂志》2005 年第 3 期。

　　孔定芳：《清初明遗民的身份认同与意义寻求》，载《历史档案》2006 年第 2 期。

　　孔定芳：《论康熙"博学鸿儒科"之旨在笼络明遗民》，载《唐都学刊》2006 年第 3 期。

　　孔定芳：《明遗民的"后王"理想及其恢复期待》，载《西南师范大学学报》（人文社会科学版）2006 年第 3 期。

　　旷新年：《民族国家想象与中国现代文学》，载《文学评论》2003 年第 1 期。

　　兰林友：《论族群与族群认同理论》，载《广西民族学院学报》（哲学社会科学版）2003 年第 3 期。

　　雷戈：《正朔、正统与正闰》，载《史学月刊》2004 年第 6 期。

　　李炳华：《清初江南的文人社团》，载《苏州杂志》2005 年第 1 期。

　　李华川：《清朝中前期国人对法国的认知》，载《清史论坛》（2007 年号），2016 年。

　　李孝悌：《士大夫的逸乐：王士禛在扬州（1660-1665）》，载台湾《"中央研究院"历史语言研究所集刊》2005 年第七十六本第一分册。

李学成：《满族辫发渊源考辨》，载《云南师范大学学报》（哲学社会科学版）2019 年第 3 期

李英姿、刘子琦：《谈清朝的满语推广政策》，载《满族研究》2014 年第 1 期。

李中路：《清代太庙与祭祀》，载《紫禁城》2006 年第 1 期。

林巧薇：《北京东岳庙与明清国家祭祀关系探研》，载《世界宗教研究》2014 年第 5 期。

林永匡：《明清两代对孔府的"优渥"事例》，载《辽宁师范大学学报》（哲学社会科学版）1984 年第 3 期。

刘厚生：《长白山文化的界定及其他》，载《中国边疆史地研究》2003 年第 4 期。

刘潞：《论清前期冬至祭天的政治内容》，载《故宫博物院院刊》1998 年第 1 期。

刘志扬：《从满族传统观念的转变看汉文化的影响》，载《民族研究》1992 年第 6 期。

刘宗迪：《华夏名义考》，载《民族研究》2000 年第 5 期。

柳岳武：《近世西方视角下的大清王朝》，载《东南学术》2006 年第 6 期。

罗时进：《明清之际江南文学版图中的诗歌流派》，载《江海学刊》2006 年第 5 期。

罗志田：《夷夏之辨与道治之分》，载《学人》第 11 辑，江苏文艺出版社，1997 年。

马戎：《评安东尼·史密斯关于"nation"（民族）的论述》，载《中国社会科学》2001 年第 1 期。

苗威：《"长白山"考辨》，载《中国边疆史地研究》2009 年第 4 期。

孟昭信：《试论清初的江南政策》，载《吉林大学社会科学学报》1990 年第 3 期。

纳日碧力戈：《问难"族群"》，载《广西民族学院学报》（哲学社会科学版）2003 年第 1 期。

宁泊：《清人明史研究中的正统观和忠义观》，载《南开学报》（哲学社会科学版）1996 年第 4 期。

（美）欧立德：《清代满洲人的民族主体意识与满洲人的中国统治》，华立译，载《清史研究》2002 年第 4 期。

潘承玉：《"更考遗民删作伴，不须牛侩辱墙东"——清初"遗民录"编撰与

遗民价值观传播新考》，载台湾《成功大学中文学报》2003 年第 11 期。

潘蛟：《"族群"及其相关概念在西方的流变》，载《广西民族学院学报》（哲学社会科学版）2003 年第 5 期。

彭兆荣：《论民族与族群在变迁语境中的裂化因子——兼评"后民族结构"理论》，载《广西民族学院学报》（哲学社会科学版）2004 年第 2 期。

彭兆荣：《论民族作为历史性的表述单位》，载《中国社会科学》2004 年第 2 期。

钱云：《从"四夷"到"外国"：正史周边叙事的模式演变》，载《复旦大学学报》（社会科学版）2017 年第 1 期。

钱仲联：《明遗民录汇辑序》，载《铁道师院学报》（社会科学版）1993 年第 3 期。

乔治忠：《论清顺治朝与康熙朝初期对〈明史〉的纂修》，载《河北学刊》2003 年第 3 期。

邱靖嘉：《金代的长白山封祀——兼论金朝山川祭祀体系的二元特征》，载《民族研究》2019 年第 3 期。

沈一民：《皇太极的汉族文人政策评述》，载《黑龙江民族丛刊》2003 年第 5 期。

沈一民：《论清初统治者吸收汉族文化的途径》，载《满族研究》2003 年第 1 期。

石奕龙：《Ethnic Group 不能作为"民族"的英文对译——与阮西湖先生商榷》，载《世界民族》1999 年第 4 期。

（美）孙康宜：《成为典范：渔洋诗作及诗论探微》，载《文学评论》2001 年第 1 期。

孙静：《乾隆朝八旗汉军身份变化述论》，载《黑龙江民族丛刊》2005 年第 2 期。

孙静：《试论八旗汉军与满洲的差异性》，载《中央民族大学学报》（哲学社会科学版）2006 年第 5 期。

孙立：《屈大均的逃禅与明遗民的思想困境》，载《中山大学学报》（哲学社会科学版）2003 年第 5 期。

孙隆基：《清季民族主义与黄帝崇拜之发明》，载《历史研究》2000 年第 3 期。

孙明：《清遗民关怀中的治统与道统——以沈曾植、曹廷杰为个案》，载《史林》2003 年第 4 期。

汤开建：《雍正教难期间驱逐传教士至广州事件始末考》，载《清史研究》

2014 年第 2 期。

佟悦:《清盛京太庙考述》,载《故宫博物院院刊》1987 年第 3 期。

王瑷玲:《记忆与叙事:清初剧作家之前朝意识与其易代感怀之戏剧转化》,载《中国文哲研究集刊》2004 年第 24 期。

王柏中:《清皇家内庙祭祖问题探析》,《广西民族大学学报》(哲学社会科学版)2007 年第 6 期。

王东明:《关于"民族"与"族群"概念之争的综述》,载《广西民族学院学报》(哲学社会科学版)2005 年第 2 期。

王建民:《民族认同浅议》,载《中央民族学院学报》1991 年第 2 期。

王明珂:《族群历史之文本与情境——兼论历史心性、文类与范式化情节》,载《陕西师范大学学报》(哲学社会科学版)2005 年第 6 期。

王明珂:《历史事实、历史记忆与历史心性》,载《历史研究》2001 年第 5 期。

王铭铭:《从天下到国族——兼及互惠理解》,载《跨文化对话》第七辑,上海文艺出版社,2001 年。

王铭铭:《民族与国家——从吴文藻的早期论述出发》,载《云南民族学院学报》1999 年第 6 期。

王平、何源远:《清代新疆博克达山官方祭祀与王朝秩序》,载《民族研究》2018 年第 3 期。

王学玲:《在地景上书写帝国图像——清初赋中的长白山》,载《中国文哲研究集刊》2005 年第 27 期。

王于飞:《从〈临春阁〉到〈秣陵春〉——吴梅村剧作与清初士人心态的变迁》,载《浙江学刊》2001 年第 2 期。

王元林、孟昭锋:《论碧霞元君信仰扩展与道教、国家祭祀的关系》,载《世界宗教研究》2010 年第 1 期。

魏文哲:《华夷之分与君臣大义——中国古代民族观蠡测》,载《明清小说研究》1997 年第 4 期。

吴润凯:《谒明孝陵:萧条异代不同悲》,载《书屋》2007 年第 6 期。

谢正光:《顾炎武,曹溶论交始末——明遗民与清初大吏交友初探》,载《香港中文大学中国文化研究所学报》1995 年第 4 期。

徐杰舜:《论族群与民族》,载《民族研究》2002 年第 1 期。

徐新建:《"多民族文学史观"简论》,载《民族文学研究》2007 年第 2 期。

严志雄:《体物、记忆与遗民情境——屈大均一六五九年咏梅诗探究》,载《中国文哲研究集刊》2002 年第 21 期。

严迪昌：《"长明灯作守岁烛"之遗民心谱——叶绍袁〈甲行日注〉》，载《西北师大学报》（社会科学版）2005 年第 2 期。

严迪昌：《从〈南山集〉到〈虬峰集〉——文字狱案与清代文学生态举证》，载《文学遗产》2001 年第 5 期。

姚大力：《中国历史上的民族关系与国家认同》，载《中国学术》2002 年第 4 期。

姚大力、孙静：《"满洲"如何演变为民族——论清中叶前"满洲"认同的历史变迁》，载《社会科学》2006 年第 7 期。

姚蓉：《略论明清易代之际"弃诸生"现象》，载《上海市社会科学界学术年会（2006 年度）青年文集》。

杨茂盛等：《满族的宗族部族及其民族与国家的形成》，载《北方文物》2002 年第 4 期。

杨念群：《"天命"如何转移：清朝"大一统"观再诠释》，《清华大学学报》（哲学社会科学版）2020 年第 6 期。

叶涛：《碧霞元君信仰与华北乡村社会——明清时期泰山香社考论》，载《文史哲》2009 年第 2 期。

殷东水：《论国家认同的四个维度》，载《南京社会科学》2016 年第 5 期。

于翠玲：《康熙"文治"与词学走向》，载《民族文学研究》2004 年第 2 期。

张兵：《论清初遗民诗群创作的主题取向》，载《西北师大学报》（社会科学版）2000 年第 2 期。

张国风：《康乾时期文化政策的复杂性及其对小说的影响》，载《中国人民大学学报》1997 年第 2 期。

张亨：《试从黄宗羲的思想诠释其文学世界》，载《中国文哲研究集刊》1994 年第 4 期。

张宏莉：《俄罗斯 этнос（民族）理论中的几个术语》，载《民族研究》2006 年第 1 期。

张宏生：《王士禛扬州词事与清初词坛风会》，载《文学遗产》2005 年第 5 期。

张建军：《民族国家研究综述》，载《中南民族大学学报》（人文社会科学版）2005 年第 2 期。

张玉兴：《张春及其〈不二歌〉》，载《清史研究》1992 年第 4 期。

张秀荣：《孔府档案概述》，载《历史档案》1995 年第 1 期。

张先清：《康熙三十一年容教诏令初探》，载《历史研究》，2006 年第 5 期。

张永江：《礼仪与政治：清朝礼部与理藩院对非汉族群的文化治理》，载《清史研究》2019 年第 1 期。

赵秉忠：《论乾隆帝躬诣阙里祭孔》，载《社会科学辑刊》1991 年第 6 期。

赵刚：《康熙博学鸿词科与清初政治变迁》，载《故宫博物院院刊》1993 年第 1 期。

赵亚宏：《试析长白山抗战歌谣主题意蕴的丰富性》，载《通化师范学院学报》2005 年第 3 期

赵园：《"晚明"与"明清之际"》，载《中国文化研究》2004 年春之卷。

周建江：《民族认同·国家认同·文化认同——民族文学研究中有关作家研究的若干理论问题》，载《民族文学研究》2003 年第 3 期。

周月亮、李新梅：《略论明清之际文人悼亡情绪的文化史内涵》，载《学术界》2002 年第 4 期。

周郢：《泰山碧霞元君祭：从民间祭祀到国家祭祀——以清代"四月十八日遣祭"为中心》，载《民俗研究》2012 年第 5 期。

朱伦：《论"民族-国家"与"多民族国家"》，载《世界民族》1997 年第 3 期。

朱荣贵：《王夫之"民族主义"思想商榷》，载《中国文哲研究集刊》1994 年第 4 期。

朱学勤：《从明儒困境看文化民族主义的内在矛盾》，载《书屋》2000 年第 8 期。

朱则杰：《"明"与"清"：清代诗歌中的一组特殊意象》，载《浙江社会科学》2001 年第 3 期。

《国家行为的祭孔礼制》，载《南方文物》2002 年第 4 期。

Frederic Wakeman Jr. "Romantics, Stoics, and Martyrs in Seventeenth-Century China"in *Journal of Asian Studies*, 1984, 43(4).

学位论文

李祖春：《明史〈外国传〉研究》，东北师范大学 2017 年硕士论文。

谢子卿：《中国礼仪之争和路易十四的法国（1640—1710）：中国天主教史钩沉》，上海师范大学 2016 年博士论文。

后 记

2008 年 6 月，我的博士论文《民族身份与国家认同：明清之际（1644—1683）江南汉族文士的文学书写》通过了答辩。两年后，以书籍的形式出版。书虽然出版了，但是仍然有很多未竟之处，笔者一直引以为憾。当初在写作的时候，笔者就一直对清朝统治阶层的国家与族群意识很关注，可惜囿于命题、篇幅和时间，并没有得以完全展开讨论。十五年后本书得以完成，一前一后两部书，在相似的主题之下，前者关注群体，后者聚焦个体，前者讨论知识分子，后者讨论决策者，互为呼应，使这个话题得以圆满，算是弥补了一部分当初的遗憾，也是对自己学术兴趣的交代。

书稿其实是为了教育部课题结题而写成，由几篇论文展衍而来，为了赶上结题时间，完成得有些仓促。但仔细想来，其实又并不仓促，因为十几年来，我的研究兴趣始终在同一个领域。那些碎片化的看书时间，仍然在聚焦国家、族群、明清时期。本书中的很多片段，也是这些年反反复复思考打磨的成果，有的是从博士论文中一个段落衍生而来，有的是在写项目申报书时的灵光一点，有的是精心打磨的成熟论文，比如表述山川一章，就反复修改打磨了两三年，从数万字浓缩到了两万字，又从两万字再浓缩到一万多字，连开头也有数个版本。在这漫长的十五年时间里，虽不是专门作成此书，但关于这个话题的思考却从未间断，因此本书得以完稿，实在也算是水到渠成。

十五年前，博士论文完稿的时候正逢汶川大地震，我在后记中写了自己对群体记忆和情感的感触。进行项目研究的这几年中，又逢疫情肆虐，每每感受到国家方针与民众生活的息息相关，写作之时，也往往能有代入之感。完稿之时，疫情的阴霾已然散去，城市生活又回归烟火，成都春日已是春光灿烂。

十五年前的后记里，我鼓励自己出手如梦，一握成拳。有朋友问我，今天还是如此想吗？答曰：亦然！

2023 年 4 月 27 日于华庭